Gary A. Kowalski
Dein Tier - Eine empfindsame Seele

mit
Fotos von Art Wolfe

Dein Tier
eine empfindsame Seele

von
Gary A. Kowalski

Verlag „Die Silberschnur"

Aus dem Englischen von Martin Rometsch.

Alle Rechte dieser deutschsprachigen Ausgabe - auch die des auszugs-
weisen Nachdrucks, der fotomechanischen Wiedergabe und der Überset-
zung vorbehalten.

Copyright © Gary A. Kowalski

Der englische Text erschien 1991 als Buch bei Stillpoint Publishing, Walpole,
NH, USA

ISBN   3-923 781-74-1

© der deutschen Ausgabe Verlag „Die Silberschnur" GmbH, Neuwied

1. Auflage 1992

Druck: Copernicus, Bonn-Alfter
Covergestalltung: Didier Guedron
Produktion: Vectopix GmbH, Bendorf + Essen

Verlag „Die Silberschnur", Heddesdorfer Str.7, D-5450 Neuwied

Wir sollten begreifen, daß alles das Werk des Großen Geistes ist. Wir sollten wissen, daß der Große Geist in allem wohnt : in den Bäumen, im Gras, in den Flüssen, in den Bergen und selbst in den vierbeinigen und geflügelten Wesen. Wichtiger noch: Wir sollten verstehen, daß der Große Geist auch über all diesen Dingen und Wesen ist. Wenn wir das alles tief im Herzen verstehen, dann werden wir den Großen Geist fürchten und lieben und erkennen: und dann werden wir sein und handeln und leben nach dem Willen des Geistes.

Black Elck

Inhalt

VORWORT

Tiere sind uns Menschen in vielen Dingen überlegen.

Denken wir nur daran, daß sich viele Tiere vor Ausbruch eines Erdbebens in auffälliger Weise unruhig verhalten. So beobachtet man in China von wissenschaftlicher Seite aus das Verhalten der Tiere, um die Früherkennung eines Erdbebens zu ermöglichen und noch rechtzeitig reagieren zu können.

Von Ratten wissen wir, daß sie ein ankerndes Schiff rechtzeitig verlassen, bevor es wenige Tage später auf See versinken wird. Denken wir auch an die Zugvögel, die jedes Jahr tausende von Kilometern zu ihrem Winterquartier fliegen, um mit Sicherheit im Frühling zu ihren Heimatorten zurückzukehren - ohne sich durch Karten, Kompasse oder Leuchttürme orientieren zu müssen.

Wer oder was ermöglicht den Tieren diese höheren Fähigkeiten, über die der Mensch nur in Ausnahmefällen oder in einem ganz geringen Maß verfügt?

Liegt bei den Tieren eine innere Programmierung vor? Arbeitet ihr Instinktverhalten wie ein eingebauter Computer? Oder sind es geistige Kräfte, die sie leiten oder rechtzeitig warnen? Sind sie vielleicht nur sensibler für Mitteilungen aus höheren Sphären als wir Menschen?

Dem Einwand eines Wissenschaftlers, daß die jährlichen Flüge der Zugvögel auf genetisches Instinktverhalten zurückzuführen seien, soll folgendes Beispiel gegenübergestellt werden: Ein Taubenzüchter aus Hamburg übermittelte seinem Kollegen in Bayern eine Botschaft durch eine

Brieftaube. Dieser behielt die Taube längere Zeit bei sich, bevor er sie mit seiner Rückantwort versah und nach Hamburg zurückschickte. In der Zwischenzeit war der Hamburger Taubenzüchter mitsamt seinen Tauben nach Kaiserslautern umgezogen. Doch jene ausgesandte Taube flog nicht - wie zu vermuten wäre - nach Hamburg, sondern direkt zu dem ihr noch unbekannten neuen Heimatort ihres Besitzers. Man könnte einwenden, daß diese paranormalen Erscheinungen nicht unbedingt besagen, daß Tiere eine Seele haben, sondern allein Ausdruck ihrer geistigen Fähigkeiten sind.

Warum steht mancher Hund schon in freudiger Erwartung schwanzwedelnd an der Tür, wenn sich eine geliebte Person dem Haus naht, ohne daß er deren Schritte schon vorher wahrnehmen konnte?

Von der Liebe wissen wir, daß ihr eine besondere Schwingungsqualität eigen ist. Verbindet sich aber die Liebe mit paranormalen Fähigkeiten, so lassen sich bei Tieren uns Menschen unfaßbare Wunder beobachten. Liebe ist eine seelische Qualität. Ein Hund wurde von seinen Besitzern schweren Herzens bei Freunden in Kalifornien zurückgelassen, als sie wegen eines neuen Arbeitsplatzes nach Wisconsin umziehen mußten. Nach einigen Monaten bellte es vor ihrer Tür. Als sie öffneten - sie trauten ihren Augen nicht - stand ihr Hund vor ihnen, außer sich vor Freude. Er war über dreitausend Kilometer weit gelaufen. Die Liebe zu „Herrchen und Frauchen" hat ihn diesen weiten Weg gehen lassen. Wer aber hatte ihm den Weg gewiesen? War es die Liebe, die wie ein Magnet wirkte?

Wer hat nicht von jenen wahren Berichten vernommen, daß sich ein Hund nach dem Hinscheiden seines Besitzers auf dessen Grab legte, bis er selbst dort starb?

Eine andere bewegende Geschichte: Ein älterer, allein-
lebender Mann hatte in seinem entlegenen Haus mehrere
Katzen, die er über alles liebte. Bei einer plötzlichen Krankheit wurde er in die etwa 20 km entfernte Klinik gebracht
und dort stationär behandelt. Eines Tages miaute es vor
seiner Zimmertür. Als man öffnete, sprang seine Lieblingskatze aufs Bett. Wie war sie in das Krankenhaus hinein-
gekommen? Woher wußte sie, wo ihr Herrchen lag?
Die Krankenschwestern und Ärzte waren von dieser Bege-
benheit so gerührt, daß ihr Patient seine Lieblingskatze im
Zimmer behalten durfte.

Wer behauptet, bei solchen Wiedervereinigungen vonTier
und Mensch müsse immer der Liebesmagnet des Menschen vorrangig sein, den mögen die Liebestaten und
Liebesbeweise selbst unter Tieren unterschiedlicher Rassen nachdenklich machen.
Liebe ist der höchste Ausdruck seelischen Verhaltens. Wer
dem Tier eine Seele abspricht, kann dieses nur im Kopf tun,
nicht aber mit dem Herzen, denn der Kopf ist oft Wider-
sacher des Herzens. Tieren jedoch fehlt der Verstand, der
uns Menschen allzu oft unglücklich macht und unsere
Gefühle unterdrückt. Tiere - wie auch Kinder - leben ihre
Gefühle und seelischen Regungen unmittelbar aus. Darin
sind sie uns Erwachsenen überlegen und können uns als
Beispiel dienen für Aufrichtigkeit, Unmittelbarkeit, Hingabe
und bedingungslose Liebe, die das Endziel unserer vielen
Reinkarnationen auf Erden sein sollte.

Ein weiterer Gesichtspunkt sollte uns nachdenklich und
zugleich dankbar machen: Ohne die Hilfe des Tieres wäre
die Kulturentwicklung der Menschheit undenkbar: Was vor
allem Pferd, Kamel, Rentier, Elefant, Rind, Hund und Katze
als liebevolle Helfer und Freunde des Menschen geleistet
haben, verdient eine eigene Darstellung. Wesentlich ist,

daß die menschliche Zivilisation nicht einseitig als feindliche Auseinandersetzung und Bezwingung der Tierwelt gesehen werden darf. Die Entwicklung von Handel, Verkehr und Transport sowie Ackerbau war ohne die Hilfe der Tiere nicht denkbar, von dem heiklen Ernährungsproblem einmal abgesehen.

Wohl steckt die Angst vor dem wildem Tier noch in uns allen. Doch ist es nicht die herrschsüchtige Betrachtungsweise des Menschen, Tiere wie Schlangen, Tiger, Löwe, Wölfe, Haie als seine geborenen Feinde zu behandeln? Würde "Friede mit der Natur" nicht heißen, auch mit diesen Tieren auf verschiedene, ihrer Natur entsprechende Weise in ein freundschaftliches Verhältnis zu treten? Nicht sie haben dem Menschen je den Krieg erklärt. Es ist eine Projektion des unfriedlichen Menschen, daß sie uns als geborene Feinde und Beutestücke sähen. Eher hat sich in ihrem Gedächtnis die Angst vor dem jagenden und ausrottenden Menschentier aufgrund von jahrtausendealter Erfahrung festsetzen müssen.

Das vorliegende Buch von Gary Kowalski kann nicht diese ganze Geschichte und weitergehende Problematik wiedergeben. Doch es vermag eines aufzuzeigen, was die Grundlage alles weiteren sein muß und was über alle Nützlichkeitserwägungen weit hinausgeht: Alle "höheren" Tiere, nicht allein unsere Haustiere, sind liebesfähige, empfindsame Seelen. In ihrer Liebe spiegelt sich die des Schöpfers. In ihrer so vielfältigen Variation derselben Geschöpflichkeit liegt eine Botschaft des "Großen Geistes", ohne die Erde und Menschheit ärmer wären.

Was ist Spiritualität?

Jeder braucht einen spirituellen Führer - einen Geistlichen, einen Rabbi, einen Berater, einen klugen Freund oder einen Therapeuten. Mein kluger Freund ist ein Hund. Er verfügt über tiefes Wissen, an dem er mich teilhaben läßt. Er schließt leicht Freundschaften und ist nicht nachtragend. Er hat Freude an einfachen Vergnügungen und nimmt jeden Tag so, wie er kommt. Wie ein wahrer Zenmeister ißt er, wenn er Hunger hat, und schläft, wenn er müde ist. Er hat keine Komplexe, was den Sex betrifft. Und vor allem schenkt er mir eine bedingungslose Liebe, die nachzuahmen den Menschen wohl anstünde.

„Ich glaube, ich könnte alles aufgeben und mit den Tieren leben; sie sind so ruhig und selbstgenügsam", schreibt der Dichter Walt Witman. „Ich stehe da und betrachte sie in einem fort." Er fügt hinzu:

Sie machen sich keine Sorgen und jammern nicht über ihre Lage;
sie liegen nachts nicht wach und weinen über ihre Sünden;
sie belästigen mich nicht mit Gesprächen über ihre Pflichten gegenüber Gott.
Kein Tier ist unzufrieden, keines ist besessen vom Streben nach Besitz;
keines kniet vor dem anderen nieder, auch nicht vor Artgenossen, die vor Jahrtausenden starben;
und auf der ganzen Welt gibt es kein vornehmes oder unglückliches Tier.

Natürlich hat mein Hund auch seine Fehler. Er fürchtet sich vor Knallfröschen und versteckt sich im Kleiderschrank, wenn wir den Staubsauger anmachen. Doch im Gegensatz zu mir fürchtet er nicht, was andere von ihm denken, und macht sich keine Sorgen über sein Ansehen in der Öffentlichkeit. Er bellt den Briefträger und den Zeitungsjungen an; doch im Gegensatz zu einigen Leuten, die ich kenne, knurrt er niemals Kinder an und verbellt nicht seine Frau.

Mein Hund ist eine Art Guru. Wenn ich zu ernst und zu beschäftigt bin, erinnert er mich daran, wie wichtig Spaß und Spiel sind. Wenn ich mich zu sehr in abstrakten Ideen verfange, erinnert er mich daran, wie wichtig Bewegung und Körperpflege sind. Enstsprechend seiner eigenen Entwicklungsstufe zeigt er mir, daß es möglich sein müßte, ohne innere Konflikte oder Neurosen zu leben - unkompliziert, natürlich und voller Lebensfreude.

Mark Twain meinte vor langer Zeit, der Mensch könne eine Menge von den höheren Tieren lernen. Daß sie weder das statische Rauschen noch die Interkontinentalrakete noch Fernsehprediger erfunden haben, schließt nicht aus, daß sie spirituell entwickelt sind.

Aber was bedeutet es für ein Tier (auch für das Menschen-Tier), spirituell entwickelt zu sein? Meiner Ansicht nach bedeutet es vielerlei: die Herausbildung eines Moralgefühls, Freude am Schönen, Kreativität, die Erkenntnis, Teil eines größeren Ganzen zu sein, wie auch ein Gefühl für Geheimnisse und Wunder hinter alledem. Das sind die kostbarsten Gaben, die wir besitzen; aber es gibt nichts Esoterisches oder Übernatürliches an diesen „spirituellen" Errungenschaften. Ich behaupte sogar, daß Spiritualität ganz natürlich ist, fest in der biologischen Ordung verwurzelt und in der Ökologie Teil alles Lebendigen.

Ich bin von Beruf Gemeindepfarrer. Meine Arbeit berührt den schwer faßbaren, vielleicht nicht definierbaren

Bereich des Geistigen. Ich bete mit Sterbenden und tröste Hinterbliebene. Ich nehme teil an der Freude der Eltern, taufe ihre Kinder und heiße das neue Leben auf der Welt willkommen. Ab und zu helfe ich Menschen, moralische Zweifel zu bewältigen und ethische Entscheidungen zu treffen. Ich wirke auch bei der Erziehung von Kindern und Jugendlichen mit; ich fördere ihre natürliche Fähigkeit, Ehrfurcht und Mitgefühl zu empfinden. Woche für Woche stehe ich vor meiner Gemeinde und versuche, von den größten Geheimnissen der menschlichen Existenz zu sprechen. Vor einigen Jahren wurde mir aber bewußt, daß Menschen nicht die einzigen Tiere auf Erden sind, die Zugang zur geistigen Welt haben.

Dies ist ein Buch über das spirituelle Leben der Tiere. Bisher wurde viel über die Intelligenz der Tiere und ihre Fähigkeit, Probleme zu lösen, geschrieben. Doch Spiritualität hat mit Problemlösung noch weniger zu tun als mit jenen Problemen, über die wir lediglich nachdenken können. Wir können uns zum Beispiel Gedanken über den Tod machen, ohne jemals das Problem unserer Sterblichkeit zu „lösen". Wenn ich mich mit dem spirituellen Leben der Tiere befasse, kümmere ich mich daher weniger um die Leistungsfähigkeit des Gehirns, um Gedächtnis und Lernvermögen, sondern mehr um subtilere Aspekte der Intelligenz wie Einfühlungsvermögen, Kreativität und Vorstellungskraft.

Wenn wir die Spiritualität anderer Arten untersuchen, begeben wir uns auf unerforschtes Gelände. Sind sich Tiere ihrer selbst bewußt oder nicht? Haben Tiere Kummer? Denken sie über das Ende des Lebens nach? Können Tiere träumen? Haben sie ein Gewissen, eine Vorstellung von Recht und Unrecht? Machen andere Spezies Musik, oder lieben sie Kunst?

Ich bin weder Zoologe noch Verhaltensforscher. Wahrscheinlich würde niemand, der auf diesem Gebiet akademisch gebildet ist, derart kühne Fragen stellen - das würde ihm den Vorwurf der Unwissenschaftlichkeit oder Naivität einbringen. Zum Glück sind Geistliche aber dazu berufen, über Dinge nachzudenken, die für andere undenkbar sind. Als Schamanen des zwanzigsten Jahrhunderts steht es uns zu, an allerlei Rätseln zu knobeln: Was macht uns menschlich? Was macht das Leben heilig?

Allerdings besteht oft die Gefahr, daß wir uns dabei übernehmen. Immerhin schwimmen wir in tiefem Wasser und meiden seichte Stellen. Auf der Suche nach Antworten auf solche Fragen habe ich festgestellt, daß wir dabei nicht nur unser Verständnis für andere Geschöpfe vertiefen, sondern auch Selbsterkenntnis erlangen können.

Ohne unsere nichtmenschlichen Geschwister zu vermenschlichen, können wir die Tatsache anerkennen, daß Menschen und Tiere vieles gemeinsam haben. Sie haben ein Gefühlsleben; sie empfinden Liebe und Furcht; sie besitzen ihre eigene Würde und leiden, wenn diese nicht respektiert wird. Sie spielen und begegnen ihrer Welt mit Neugier. Sie können treu und selbstlos sein. Sie haben ein „tierisches Vertrauen", eine Spontaneität und Direktheit, die ungemein erleuchtend sein können.

Mir scheint, es deutet alles darauf hin, daß Tiere eine Seele haben. Wir können die Seele allerdings nicht sehen oder messen. Wir können nur beobachten, wie sie sich ausdrückt: im Weinen und Lachen, im Mut und im Heldentum, in der Großzügigkeit und im Verzeihen. Die Seele ist der Punkt, an dem unser Leben ins Zeitlose mündet, wenn wir das Gute lieben, uns am Schönen begeistern, nach der Wahrheit streben. Die Seele macht aus dem Leben jedes Menschen einen Mikrokosmos - er ist nicht nur ein bedeutungsloses Teilchen im Universum, sondern auf einer höheren Ebene eine Widerspiegelung des Alls.

Niemand kann beweisen, daß Tiere eine Seele haben.

Doch wenn wir anderen Kreaturen unser Herz öffnen und uns ihren Freuden und Sorgen nicht verschließen, haben sie die Macht, uns umzuwandeln. In anderen Geschöpfen wohnt eine Innerlichkeit, die unser Innerstes aufrüttelt.

Seit Urzeiten weiß der Mensch, daß er von der Ausgeglichenheit und Harmonie der Tiere lernen kann. „Frage die Tiere, und sie werden dich lehren", rät das Buch Hiob. Andere Kreaturen bewohnen die Erde viel länger als wir. Ihre Anpassungsfähigkeit an das Leben und ihre Instinkte sind manchmal gesünder als unsere. „Am Anfang aller Dinge", sagt der Pawnee-Häuptling Letakots-Lesa, „besaßen die Tiere Weisheit und Wissen; denn Tirawa, der Hohe, sprach nicht unmittelbar zum Menschen. Er sandte Tiere, um dem Menschen zu sagen, daß er sich durch die Kreaturen offenbart und daß der Mensch von ihnen, wie auch von den Sternen und von der Sonne lernen soll." Die Vorstellung, daß andere lebende Wesen unsere spirituellen Führer sein können, ist durchaus nicht neu.

Dieses Buch möchte erkunden, in welchem Maße Tiere unsere Seelen- und Reisegefährten sind und an jenen Dingen teilhaben, die uns zutiefst menschlich machen. Jedes Kapitel beleuchtet einen anderen Aspekt des tierischen Erlebens. Warum spielen Tiere? Welche Ängste und Phantasien haben sie? Wie sieht die Welt in ihren Augen aus? Wie nahe kommen ihre Erfahrungen den unseren?

Ein Buch wie dieses wirft wohl mehr Fragen auf, als es beantwortet. Aber wenn die Fragen uns ehrfürchtiger machen, nachdenklicher gegenüber den anderen Geschöpfen, die auf diesem Planeten wandeln, in seinen Meeren schwimmen und sich in seine Lüfte schwingen, dann hat dieses Buch seinen Zweck erfüllt. Ich glaube, wenn wir unsere Familienheimstatt - die Erde - für künftige Generationen erhalten wollen, müssen wir uns besinnen und der Familie der Lebewesen mit neuer Achtung begegnen.

Voll Liebe und Zuneigung widme ich dieses Buch den Tieren der Welt, vor allem aber meinem eigenen spirituellen Führer. Andere Leute haben ihre Mentoren, Meister und Lehrer. Ich habe einen verdammten Köter.

Das Leben ist voller Leid. Tod und Verlust sind unvermeidliche Begleiter des Fleisches. Sind wir aber die einzigen Tiere, die leiden? Machen andere Wesen sich Gedanken über das Ende des Lebens, oder fragen sie, was danach kommt? Das Wissen um unsere Sterblichkeit ist ein Teil dessen, was uns menschlich macht - es ist eines der Merkmale, die uns zu einem spirituellen Tier machen; aber vielleicht teilen wir diesen Aspekt des Lebens mit vielen anderen Geschöpfen.

1

Wir sind alle sterblich

Wissen Tiere, daß sie sterben müssen?

Es ist immer schwer, Lebewohl zu sagen. Als Gemeindepfarrer gehört es zu meinen Pflichten, mich um Sterbende und Hinterbliebene zu kümmern; doch die Erfahrung macht es keieswegs leichter, die rechten Worte zu finden. Was sagt man Eltern, deren Tochter - ihr erstes Kind - einen Tag nach der Geburt stirbt, weil sie mit einem Herzfehler zur Welt gekommen ist? Was sagt man beim Begräbnis eines fünfundvierzigjährigen Mannes, eines Krebsopfers, um seiner Witwe und seinen beiden Teenagern Trost und Zuversicht zu geben? Worte sind nicht genug, um der Bestürzung und Verzweiflung gerecht zu werden, die wir empfinden, wenn ein geliebter Mensch stirbt.

Das einzige, was zu helfen scheint, ist liebevolle Anwesenheit. Darum treffen sich unsere Angehörigen. Unsere Freunde besuchen uns. Wir versammeln uns in der geistlichen Gemeinde. Wir zünden eine Kerze an, umarmen uns oder verbringen einen Augenblick in gemeinsamem Schweigen. Zwar hören wir nicht auf zu trauern, aber wir wissen, daß wir nicht alleine trauern. Andere, die in ihrem Leben ebenfalls Leid erdulden mußten, verstehen unseren

Schmerz. Und aus diesem gemeinsamen Leid schöpfen wir irgendwie die Kraft, mit dem Verlust fertig zu werden.

Empfinden andere Tiere Kummer? Wir wissen natürlich, daß Menschen ihre Haustiere betrauern. Oft suchen Gemeindemitglieder bei mir Rat, wenn ihre Tiergefährten sterben. Der Verlust eines geliebten Hundes oder einer geliebten Katze kann sehr hart sein und uns traurig machen. Aber ich war verblüfft, als ich zum erstenmal von Koko hörte, der Gorilladame, die sich um ihr Kätzchen grämte. Kokos Geschichte überzeugte mich davon, daß auch Tiere mit dem Ende des Lebens starke Gefühle verbinden. Koko ist ein Flachland-Gorillaweibchen, das seit nahezu zwei Jahrzehnten im Mittelpunkt der weltweit längsten Studie über die Gorillasprache steht.[1] Statt zu sprechen, verständigt Koko sich allerdings in Ameslan, der amerikanischen Zeichensprache. Ihre Lehrerin, Dr. Francine Patterson („Penny") von der kalifornischen Gorilla-Stiftung, hat der Affendame ein Vokabular von mehr als fünfhundert Worten beigebracht. So konnte Koko ihr mitteilen, daß sie sich eine Katze zum Geburtstag wünsche. Sie formt das Wort „Katze", indem sie mit zwei Fingern quer über den Mund fährt, um Schnurrhaare anzudeuten.

Eines Tages brachte man einen Wurf Kätzchen in die ländliche Siedlung bei Woodside, Kalifornien, in der Koko lebt. Die drei Tiere waren nach der Geburt verstoßen worden. Ihre „Ziehmutter" war ein Terrierweibchen, das sie während ihres ersten Lebensmonates säugte. Koko ging mit ihnen so behutsam um, wie es für Gorillas typisch ist, und suchte sich ein schwanzloses graues Kätzchen als Liebling aus. Sie nannte ihre junge Freundin „All Ball" (ganz Ball).

Koko hatte große Freude an ihrem Kätzchen; sie beschnupperte es und streichelte es sanft. Sie trug All Ball oben am Bein und versuchte, es wie ein Gorillababy zu stillen. Koko war überrascht zu erfahren, daß kleine Katzen beißen. Wenn All Ball sie in den Finger biß, machte sie die Zeichen für „schmutzig" und „Toilette", womit sie Mißbilligung auszudrücken pflegte. Es dauerte nicht lange, bis Koko ihre Katze per Zeichen aufforderte, sie zu kitzeln - eines der Lieblingsspiele der Gorillas. „Koko scheint anzunehmen, Katzen könnten so ziemlich alles tun, was sie selbst tut", sagte Penny. Koko sagte: „Katze/weich/gut".

Eines Nachts lief All Ball weg und wurde von einem Auto getötet. Als man Koko von dem Unfall erzählte, verhielt sie sich zunächst so, als ob sie nichts höre oder verstehe. Nach ein paar Minuten begann sie mit hohen Schluchzern zu weinen. „Traurig/Stirnrunzeln" und „Katze/schlafen" war ihre Antwort, wenn jemand später die Katze erwähnte. Nach ihrem Verlust weinte Koko noch fast eine Woche lang, sobald das Gespräch auf Katzen kam.

Offensichtlich vermißte die Gorilladame ihre Katze. Aber wie weit verstand sie, was geschehen war? Zum Glück war es möglich, Koko darauf anzusprechen. Maureen Sheehan, die zum Team der Gorilla-Stiftung gehörte, fragte Koko, was sie vom Tod dachte.

„Wohin gehen Gorillas, wenn sie sterben?" fragte Maureen.

Koko antwortete: „Bequem/Loch/adieu" (das letztere war das Zeichen für „Abschiedskuß").

„Wann sterben Gorillas?" fragte Maureen.

Koko antwortete mit den Zeichen „Schwierigkeiten/alt".

„Und wie fühlen sich Gorillas, wenn sie sterben - glücklich, traurig, furchtsam?"

„Schlafen", antwortete Koko.[2]

Wenn ein geliebter Gefährte stirbt, trauern Gorillas nicht nur; sie können wie Menschen über ihren eigenen Tod nachdenken.

Alles, was lebt, stirbt. Aber man hat lange Zeit angenommen, nur Menschen seien sich dieser Tatsache bewußt. Es ist ein Gemeinplatz unter Philosophen, daß der Mensch das einzige Tier ist, für das der Tod ein intellektuelles und emotionales „Problem" ist. In seinem Buch *The Denial of Death* (Die Leugnung des Todes), das den Pulizer-Preis erhielt, zieht der Philosoph Ernest Becker einen Trennungsstrich zwischen allen anderen Kreaturen, die „in einer winzigen Welt leben, in einem Splitter der Realität, unter einem neuro-chemischen Programm, das sie immer der Nase nach laufen läßt und alles andere ausschließt", und dem *Homo sapiens*, „einem Tier, das sich gegen die umfassende Wahrnehmung der äußeren Welt nicht wehren kann, einem Tier, dem sämtliche Erfahrungen offenstehen."[3]

Unser Gedächtnis und unser Weitblick verleihen uns Menschen nach Becker und anderen Philosophen einen ebenso herausragenden wie tragischen Rang. Unser überlegener Intellekt versetzt uns in die Lage, über den gegenwärtigen Augenblick hinauszusehen, um vergangene Zeiten und künftige Äonen, eine endlose Folge von Bildern, zu betrachten. Wir schauen durch Teleskope und werden Zeugen von Sternengeburten; wir studieren Fossilien, die von treibenden Kontinentalschollen und längst ausgestorbenen Lebensformen zeugen. Allerdings sehen wir von dieser günstigen Position aus, daß der Tod unvermeidlich ist, und wir fragen uns, welchen Sinn unser kurzes Leben im gewaltigen Panorama des Daseins hat. Das Wissen um den Tod ist das, was unser menschliches Leben so bitter-süß, so schmerzlich macht, und dieses Wissen, sagen Leute wie Becker, unterscheidet uns von allen anderen Kreaturen. Das Wissen um unsere Sterblichkeit macht uns zu einem spirituellen Tier. Woher nehmen wir unsere Zuversicht, woher unsere Kraft zu leben, wenn wir wissen, daß der Tod uns erwartet? Was gibt unseren Tagen Sinn und Ziel, wenn wir wissen, daß sie bald zu Ende gehen? Wir mögen unterschiedliche Antworten finden; doch ausweichen kann diesen Fragen niemand. Es sind religiöse Fragen, und sie sind ein unabdingbarer Teil des menschlichen Seins.

Ist aber der *Homo Sapiens* die einzige Spezies, die sich des Todes bewußt ist? Es gibt zahlreiche Anhaltspunkte dafür, daß wir in dieser Hinsicht nicht einmalig sind.

Nich nur mit Gorillas, sondern auch mit Elefanten teilen wir möglicherweise dieses Wissen. Cynthia Moss, die Direktorin des Elefanten-Forschungsprojektes Amboseli in Kenia, studiert das Leben der afrikanischen Elefanten seit mehr als zwölf Jahren. Sie hat zwar den „Elefantenfriedhof" als Märchen entlarvt, aber ihre Forschungen deuten darauf hin, daß diese Tiere tatsächlich etwas über den Tod wissen, daß sie trauern können und daß sie vielleicht sogar eine Art Begräbnisritual haben.[4]

Die Legende vom „Elefantenfriedhof" ist vermutlich deshalb entstanden, weil kranke oder verwundete Elefanten dazu neigen, sich in Gebieten zu versammeln, in denen es Wasser, Schatten und gutes Futter gibt. Dort mögen dann ungewöhnlich viele Elefantenskelette zu finden sein, erklärt Cynthia Moss, und daraus entstand das Märchen vom Friedhof der Elefanten. Aber auch wenn Elefanten keine Friedhöfe anlegen, scheinen sie eine gewisse Vorstellung vom Tod zu haben.

Im Gegensatz zu anderen Tieren erkennen Elefanten die Leichen oder Skelette ihrer Artgenossen. Wenn ein Elefant auf den toten Leib eines anderen Elefanten trifft, untersucht er ihn sorgfältig mit den Füßen und dem Rüssel; er riecht an ihm und untersucht die Form des Schädels und der Stoßzähne - vielleicht im Bemühen, den Toten zu erkennen. Selbst ein nacktes, sonnengebleichtes Skelett ruft bei anderen Elefanten Interesse hervor. Sie bleiben unweigerlich stehen, um die Knochen zu inspizieren; sie drehen sie mit dem Rüssel um, heben sie auf und tragen sie von einem Ort zum anderen, als ob sie versuchten, einen geeigneten „Ruheort" für die Überreste zu finden.

Noch erstaunlicher ist die Reaktion der Elefanten, wenn ein Familienmitglied stirbt. Elefanten leben beinahe so lange wie Menschen (der älteste Elefant in Gefangenschaft starb im Alter von einundsiebzig Jahren), und ihre Beziehungen überdauern viele Jahre. Im Jahre 1977 wurde ein Mitglied der Elefantenfamilie, die Cynthia Moss studierte, von Jägern angegriffen. Ein Tier, das Frau Moss Tina nannte, ein junges Weibchen von etwa fünfzehn Jahren, wurde in die Brust geschossen; die Kugel drang in ihre rechte Lunge. Während die Herde in Panik floh, blieb Tinas Familie am Ort, um ihr zu helfen. Sie umringten sie, als ihr Blut aus dem Maul floß. Die stöhnende Elefantenkuh sank langsam zu Boden, und ihre Mutter Teresia sowie eine andere ältere Kuh stellten sich zu beiden Seiten der Verletzten auf und beugten sich vor, um sie zu stützen und aufrecht zu halten. Aber ihre Bemühungen blieben erfolglos. Tina zitterte, brach zusammen und starb.

Teresia und Trista versuchten verzweifelt, die Tote wiederzubeleben; sie stupsten sie mit Füßen und Stoßzähnen und versuchten, sie hochzuheben. Tallulah, ein anderes Familienmitglied, versuchte sogar, ihr ein Büschel Gras in den Mund zu schieben. Tinas Mutter hob den schlaffen Körper unter großer Anstrengung mit ihren mächtigen Stoßzähnen hoch. Ein scharfes Krachen ertönte, und Teresias Stoßzahn zerbrach unter der Belastung, einen schartigen Stummel aus Elfenbein und blutigem Gewebe zurücklassend.

Dennoch weigerten sich die Elefanten, die Leiche zu verlassen. Sie begannen, im felsigen Boden ein Loch zu graben und streuten mit den Rüsseln Erde über Tinas leblosen Körper. Einige gingen ins Unterholz und brachen

Äste ab, die sie über die Tote breiteten. Als die Dämmerung einbrach, war der Leib fast gänzlich mit Ästen und Erde bedeckt. Während der ganzen Nacht wachten Familienmitglieder bei ihrer toten Freundin. Erst gegen Morgen verließen sie den Ort und gingen zurück in die Sicherheit des Amboseli-Reservates. Teresia, Tinas Mutter, war die letzte, die ging.

Ich habe oft Menschen beobachtet, die nach der Beerdigung am Grab verweilten. Der Körper ist zur Erde zurückgekehrt und der Geist in Gottes Hände befohlen worden. Alle Gebete sind gesprochen, das letzte Amen ist verklungen. Dennoch bleiben die Angehörigen am Grab, um zum letztenmal Lebewohl zu sagen. Vielleicht empfinden Elefanten ein ähnliches Widerstreben, wenn sie von ihren Lieben Abschied nehmen müssen. Ein Muttertier, dessen Kalb tot geboren worden war, blieb nach Cynthia Moss tagelang bei der Leiche, um sie vor Löwen und Aasfressern zu schützen, die auf der Lauer lagen. Elefantenmütter, die ihre Kälber verlieren, können in tagelange Lethargie versinken, wie Cynthia Moss herausgefunden hat; und der Tod des Familienoberhauptes kann das Sozialgefüge für lange Zeit, manchmal für immer, durcheinanderbringen. Es ist nicht unwissenschaftlich anzunehmen, daß Elefanten einen Schock erleiden und in Depressionen verfallen können, daß sie ähnlich empfinden wie Menschen nach dem Tod eines geliebten Angehörigen oder Freundes.

Ich habe Mitleid mit Teresia und Koko. Die Erkenntnis, daß ich mit meinen Gedanken an den Tod nicht allein stehe, ist schmerzlich und zugleich ein Trost. Kokos Antwort auf die Frage „Wohin gehen Gorillas, wenn sie sterben?" ist wahrscheinlich so gut wie Ihre oder meine. Keiner von uns weiß wirklich, was geschieht, wenn Menschen, Primaten oder andere lebende Wesen sterben. Eines aber ist gewiß: Für uns alle ist das Ende des Lebens im wesentlichen mit den gleichen Gefühlen verbunden. Es tut weh. Es macht uns traurig. Auch wenn wir verschiedenen Arten angehören, sind wir nicht so verschieden, wie es den Anschein hat.

Ich fühle mich bereichert, seitdem ich weiß, daß Gorillas lieben - nicht wie Menschen, sondern auf ihre eigene bedeutsame Weise - und daß auch Elefanten Zärtlichkeit und Kummer empfinden -, nicht so wie wir, aber nicht viel anders. Dieses Wissen erinnert mich daran, daß meine ganz persönliche Verzweiflung und meine ganz persönlichen Augenblicke der Intimität und der Freude letzten Endes gar nicht so persönlich sind. Aus der Erkenntnis, daß wir Tränen und Zuneigung teilen, schließe ich, daß Sie und ich und Tina und All Ball miteinander verbunden sind. Wir sind Teil einer größeren Welt - nicht einer unbewegten Welt ohne Gefühle, sondern einer Welt voller Schmerz und Heilung, voller Leidenschaft und Hoffnung.

In einer solchen Welt finden wir Trost in der Gemeinschaft. „Wir Hinterbliebenen sind nicht allein", schrieb Helen Keller. „Wir gehören der größten Gemeinschaft auf Erden an - der Gemeinschaft all jener, die leiden oder gelitten haben. Wenn es scheint, als sei unser Kummer unerträglich, sollten wir an die große Familie der Trauernden denken, zu der unser Kummer uns Zugang verschafft hat - und unweigerlich werden wir ihre Arme, ihr Mitgefühl, ihr Verständnis spüren." Wir wissen, daß andere Geschöpfe mit uns leiden; unsere Herzen sind miteinander verbunden.

Die Gemeinschaft der Leidenden ist womöglich größer, als wir uns vorstellen. Sie schließt vielleicht nicht nur Gorillas und Elefanten ein, sondern viele andere nichtmenschliche Wesen, deren Gedanken und Gefühle über das Ende des Lebens den unseren gleichen. Wie können wir rücksichtslos einem anderen Tier das Leben nehmen? Wie können wir töten, ohne uns zu fragen, welche Verzweiflung diese Kreatur dabei empfindet oder welchen Kummer wir ihren Gefährten oder ihre Kindern dadurch bereiten? In den mystischen Worten des Apostels Paulus „stöhnt die ganze geschaffene Welt in allen ihren Teilen" unter der Last des Leidens und des Todes. Wenn wir aufmerksam hinhören, vernehmen wir vielleicht das Stöhnen der Tiere, die um Gnade und Mitleid flehen.

Wir alle, menschliche und nichtmenschliche Wesen, sind sterblich. Liebe und Arbeit verbinden uns zu einer Gemeinschaft. Keiner entgeht seinem Los, keiner dem Tod. Doch Anteilnahme am Schicksal anderer kann unseren Abschiedsschmerz lindern. Wenn wir den Horizont unseres Mitgefühls erweitern, ist das Leben oft weniger grausam.

Anmerkungen

1. Jane Vessels, *Kokos Kitten* (Kokos Kätzchen), in National Geographic, Band 167, Nr. 1, S. 110.
2. Francine Patterson und Eugene Linden, *The Education of Koko* (Kokos Erziehung), New York: Holt, Rinehart & Winston, 1981, S. 190 f.
3. Ernest Becker, T*he Denial of Death* (Die Leugnung des Todes), New York: Macmillan, 1973, Seite 50 f.
4. Cynthia Moss, *Elephant Memoires: Thirteen Years in the Life of an Elephant Family* (Elefantenmemoiren - Dreizehn Jahre im Leben einer Elefantenfamilie), New York: William Morrow, 1988, S. 72-74, 270 f.

Das Universum ist ein wundersames und rätselhaftes Gebilde. Manchmal macht dieses Mysterium uns Angst, und wir füllen das dunkle Unbekannte mit Phantomen und Erscheinungen unserer eigenen Phantasie. Haben andere Tiere ebenfalls einen Sinn für das Mysteriöse? Sie leben wie wir in einer oft unerklärlichen Welt. Und vielleicht gibt es in ihrer wie in unserer Welt ab und zu Omen und Hinweise auf das Übernatürliche.

2

Götter, Kobolde und kleine grüne Männchen

Haben Tiere einen Sinn für das Übernatürliche?

Ich bin nicht sicher, ob ich an Geister glaube oder nicht; aber wie so viele andere Menschen bekomme ich hin und wieder eine Gänsehaut, wenn ich an sie denke.
In meiner ersten Kirche gab es zum Beispiel einen Geist namens Walt. Eine Menge Leute hatten ihn gesehen oder gehört. Vor seinem Tod war Walt Gemeindemitglied gewesen, aber immer eine Art Einzelgänger. Als er erfuhr, daß er eine tödliche Krankheit hatte, begann für ihn und die anderen Mitglieder eine Entdeckungsreise und eine Zeit des Wachsens. Sie mußten die Krise gemeinsam bewältigen. Es war eine Gelegenheit, sich Ängsten zu stellen und Gefühle zu erforschen, die man bisher für sich behalten hatte. Viele kamen sich in dieser Zeit näher als je zuvor. Als Walt gestorben war, spürten einige jener Menschen, die ihm am nächsten gestanden hatten, immer noch seine Anwesenheit in der Kirche. Zwei oder drei hörten dort seine Stimme. Andere sahen seine schattenhafte Gestalt am Rande ihres Blickfeldes; doch ehe sie sich umwenden konnten, um ihn anzusehen, war er um eine Ecke ver-

schwunden.

Ich hörte von diesen „Gespenstergeschichten" zum erstenmal, kurz nachdem ich als neuer Pastor angekommen war. Ich war mir nicht darüber im klaren, was ich davon halten sollte - aber sie machten mich ein wenig nervös. Die meisten Mitglieder meiner Gemeinde waren wie ich auf dem College gewesen und galten nicht als „abergläubisch". Während meiner drei Jahre an der theologischen Hochschule in Harvard hatte mich niemand auf „Spuk" vorbereitet.

Als ich aber in meinem Beruf mehr Erfahrungen sammelte, mußte ich zur Kenntnis nehmen, daß solche Vorkommnisse ziemlich verbreitet sind. Zum Beispiel berichten viele Frauen, die ihre Männer verloren haben, daß sie die Stimme des verstorbenen Gatten hören oder daß sie ihn in den Tagen und Wochen nach seinem Tod sehen. Wenn wir wollen, können wir diese Erlebnisse als Halluzinationen oder Produkte des Unterbewußtseins bezeichnen. Oder wir können darüber spekulieren, ob das Unterbewußtsein ein Kanal ist, der in eine andere Daseinsebene führt. Einerlei, welcher Auffassung wir zuneigen; man kann sagen, daß derartige Erlebnisse vom medizinischen Standpunkt aus ganz normal sind. Ein Quentchen Aberglauben steckt in uns allen.

Ich habe selbst ein paar haarsträubende „Begegnungen" gehabt; doch für die meisten davon gibt es recht einfache Erklärungen. Eines Nachts wurden meine Frau und ich abrupt aus dem Schlaf gerissen - wir hatten ein gräßliches Geräusch gehört. Ein unheimliches, klagendes Heulen ertönte vom Fuße unseres Bettes her. Als wir uns vom Schrecken erholt hatten, merkten wir, daß es nur unser Hund war, der sich tief im Land der Träume befand. Nie zuvor hatten wir ihn derart jaulen hören. Vielleicht war eine unbewußte Erinnerung in ihm aufgestiegen, möglicherweise

aus einer Zeit, als sein Urgroßvater ein Wolf oder seine Großmutter ein Schlittenhund in der Arktis waren.

Soviel wir wissen, träumen die meisten Vögel und Säugetiere. Zumindest finden wir bei ihnen jene „rapid eye movements" (schnelle Augenbewegungen), die beim Menschen auf Träume hindeuten. (Das Gürteltier ist aus unerklärlichen) Gründen eine Ausnahme). Vögel, die imitieren können, zum Beispiel Papageien und Stare, sollen sogar im Schlaf sprechen. Ich habe oft meinen Hund beobachtet, wie er mit geschlossenen Augen die Pfoten bewegte, die Zähne fletschte und die Ohren spitzte, als jage er in nächtlichen Gefilden ein imaginäres Eichhorn.

Niemand weiß genau, was andere Tiere träumen; doch wenn sie uns ähnlich sind, dürfte ihre innere Welt reich an seltsamen Dingen, Ängsten und Phantasien sein. Wissenschaftler, die das tierische Verhalten erforschen, scheinen zu glauben, der Verstand eines Tieres müsse sich immer mit praktischen Angelegenheiten befassen: mit der Futter- und Partnersuche oder mit der Furcht vor Feinden. Wir wissen aber, daß im menschlichen Bewußtsein vieles enthalten ist, was realistisch betrachtet keine praktische Bedeutung hat. Auch in unserem Geist wohnen Schatten: Schreckgespenster, Spukgestalten und nichtirdische Erscheinungen.

Vielleicht teilen manche Tiere mit uns den Sinn für das „Übernatürliche". Ein Mitglied meiner Kirchengemeinde, Elmer Fisk, ist davon überzeugt, daß sein Hund Boob Geister sieht. Elmer erzählt, seine Familie und er hätten sich auf den Umzug vorbereitet und in Erwartung des Kleinlasters, der am nächsten Morgen kommen sollte, ihre Habe gesichtet. Spät abends ging er noch mit dem „allerletzten" Müll zum Schuttabladeplatz. Unter dem Abfall war auch ein Kopf aus Pappmaché, den eines seiner Kinder zum Halloween (dem Tag vor Allerheiligen) angefertigt hatte. „Er hatte fast Lebensgröße, und sein Gesicht war schlaff, kränklich und grünlich. Die Augen waren ausgebrannte Blitzlichter. Er sah ziemlich greulich aus." Elmer war der Ansicht, der Kopf sei „noch für einen Schrecken gut"; darum warf er ihn nicht auf den Haufen, sondern legte ihn sorgsam hinter einem Hügel aus Kohlenasche zurecht, „so daß es aussah, als schiele er über den Gipfel".

Inzwischen hatte sich zu Hause noch mehr Ramsch angesammelt, und eine weitere Fahrt zum Müllplatz war notwendig. Diesmal wollte der Hund mitgehen. Trotz seines simplen Namens war Boob ein sehr gescheites Tier, ein Collie mit weit auseinanderstehenden Augen und langem braun-weißen Fell. Darum war Elmer überrascht , wie dieser kluge Hund sich aufführte, als er den grotesken kleinen Kopf sah, der über den Aschenhaufen guckte:

„Boob sah ihn zur gleichen Zeit wie ich, und er reagierte, wie er nie zuvor reagiert hatte. Sämtliche Nackenhaare standen ihm zu Berge; er fletschte die Zähne, und ein tiefes Knurren drang aus seinem Rachen, während er so heftig zitterte, daß das Auto wackelte. Er war plötzlich ein völlig verängstigter Hund. Er versuchte nicht, aus dem Wagen zu springen. Boob war zwar nicht der tapferste aller Hunde (er fürchtete sich zu Tode vor jedem scharfen Geräusch, vom Donner bis zur Explosion einer Platzpatrone); aber ich glaube, wenn auf der Müllhalde ein Bär oder sogar ein Löwe gewesen wäre, hätte er eine Autotür ausgerissen, um ihn jagen zu können. Doch dieser Fall lag anders.

Ich weiß nicht, was Boob zu sehen glaubte. Doch es sprengte offensichtlich den Rahmen seiner bisherigen Erfahrung, den Rahmen der Natur. Es war, wenn Sie so wollen, übernatürlich. Boob ließ das Ding nicht aus den Augen und verdrehte noch den Hals, um es im Blick zu behalten, als wir uns auf dem Weg nach Hause befanden. Als er es nicht mehr sehen konnte, stand ihm die Erleichterung ins Gesicht geschrieben."

Bevor Sie über den armen Hund lachen und sich ihm überlegen fühlen, sollten Sie sich fragen, ob Sie anders reagiert hätten. Wenn ich auf diesem Schuttabladeplatz gewesen wäre, hätte ich mich wahrscheinlich genauso gefürchtet wie Boob. Psychologen haben herausgefunden, daß die Angst vor der Dunkelheit (und vermutlich vor den namenlosen Gefahren, die dort lauern) einer der wenigen angeborenen Instinkte des Menschen ist. Obwohl ich nicht wirklich an Kobolde oder böse Geister glaube, spüre ich tief in mir ein Schaudern, wenn ich im Dunkeln ein Knarren oder andere Geräusche höre. Einerlei, wie gebildet oder erleuchtet wir zu sein glauben - wir alle fürchten uns vor dem Unbekannten. Diese schaurige Empfindung unterscheidet sich von der gewöhnlichen Furcht; sie gleicht eher der Ehrfurcht. In seinem Buch *The Idea of the Holy* (Die Idee des Heiligen) vertritt der Philosoph Rudolph Otto die Auffassung, dieses Gefühl des Unheimlichen, Seltsamen sei die ursprüngliche spirituelle Erfahrung. Ab und an haben wir den Eindruck, etwas Unerklärlichem, zutiefst Unbekannten gegenüberzustehen. Dieses „Etwas" bezeichnet Otto als *mysterium tremendum*, als überwältigendes Mysterium des Seins.

Obgleich das Unergründliche eine gewisse Faszination auf uns ausübt, kann es auch beunruhigend sein. Wir füllen die Leere des Unbekannten mit Gestalten unserer eigenen alptraumhaften Phantasie. Darum sind Aberglauben und Religion nahe verwandt. Zwar spielt sich der erstere auf der unbewußten, die letztere mehr auf der bewußten Ebene ab; aber beide sind die Reaktion des Geistes auf eine Welt, die jenseits des Begreifbaren liegt.

Die Angst vor dem Übernatürlichen, sagt Otto, ist eine primitive Form der einzigartigen „Gottesfurcht" der jüdischen und der christlichen Überlieferung. Sie scheint ein universelles Merkmal der menschlichen Psyche zu sein, und offenbar teilen wir sie mit anderen Tieren. Wenn Ottos Behauptung stimmt, daß dieses quälende Gefühl der Ursprung des religiösen Impulses ist, sind die Menschen möglicherweise nicht die einzigen spirituellen Geschöpfe auf diesem Planeten. Mein Freund Elmer Fisk schreibt, sein Hund Boob habe kurz nach der Episode auf dem Müllplatz ein weiteres furchterregendes Erlebnis gehabt:

„Wir waren in unser neues Haus in Burlington eingezogen, und Boob lag auf dem Fußboden zwischen dem Eßzimmertisch und der Tür zur Terrasse in tiefem Schlaf. Es war eine stürmische Oktobernacht, und der Wind blies die abgefallenen Blätter gegen das Haus. Plötzlich stieß eine launische Bö gleichzeitig die Windfangtür und die innere Tür auf, und ein Haufen trockene Eichenblätter wehte geräuschvoll durch die Öffnung.

Die Blätter flogen genau zu dem Platz, an dem Boob geschlafen hatte - aber er war nicht mehr da. Beim ersten Brausen des Windes und beim Rascheln der Blätter machte er einen Satz in die Luft, und als er landete, bewegte er seine Pfoten auf der Stelle, bereit, davonzulaufen, wobei er die ganze Zeit mit großen Augen zur Tür starrte. Obwohl mir einige Sekunden lang unheimlich zumute war, sah ich nichts außer dem Wind und den Blättern durch die Tür kommen. Aber Boob glaubte wohl, der Teufel sei hereingekommen - oder der grüne Kopf vom Müllplatz."

In ihrem unbewußten Geist teilen sich Tiere und Menschen Erinnerungen aus einer Zeit, da die Welt lebendig und verzaubert war; da die Stimmen verstorbener Ahnen sich mit dem Flüstern der Blätter und dem Sausen des Windes mischten. Und vielleicht teilen sie auch ein Gefühl für das Übersinnliche , die beklemmende Ahnung, daß es „mehr Dinge zwischen Himmel und Erde" gibt, als unsere Augen sehen und unsere Sinne erfassen können.

Haben Tiere ein Gefühl für das Mysteriöse? Es sieht ganz danach aus. Wie menschliche Wesen leben sie in einer verwirrenden Welt, und dies mag der Grund für manche furchteinflößenden Phantasien sein. Zu den ungewöhnlichsten Zeiten sträubt sich ihr Fell, starren sie konzentriert ins Leere, oder es dringt ohne ersichtlichen Grund ein gutturales Stöhnen aus ihrer Kehle. Sehen sie einen Geist, fühlen sie eine unsichtbare Gegenwart? Oder spüren sie - wie wir -, daß das Universum ein unendlich seltsames, rätselhaftes Gebilde ist?

Niemand weiß eine Antwort. Doch in der Nacht sind alle Katzen grau. Und möglicherweise sehen wir alle, Menschen wie Tiere, in den dunklen Wäldern des Unterbewußtseins erstaunlich gleich aus.

„Alle Geschöpfe Gottes haben einen Platz im Chor",
lautet der Reim eines bekannten englischen Liedes. „Manche singen tiefer, manche höher, andere sitzen singend auf
Telefondrähten." Warum aber singen die Vögel? Treibt sie
ihr Instinkt oder ein Schöpferdrang, den sie mit Komponisten und Musikern gemeinsam haben? Je eingehender wir
die Tiere und ihre Lieder studieren, desto klarer wird uns,
daß der Mensch nicht der einzige Virtuose im Orchester des
Lebens ist.

3

Lieder, die von Herzen kommen

Warum singen Vögel?

John Lockman, ein englischer Musiker, besuchte einen Freund auf dem Land in Cheshire. Die Tochter seines Freundes spielte oft Klavier. Immer wenn sie die Arie „Speri si" aus Händels Oper *Admetus* spielte, flog eine Taube aus ihrem Schlag über dem Fenster, „hörte offensichtlich mit größtem Vergnügen zu" und flog zurück, wenn das Lied zu Ende war. Aber nur die Arie „Speri si" übte auf die gefiederte Opernfreundin eine solche Faszination aus.[1]

Vögel sind die Musikanten der Natur. Der Komponist Dvorák nannte sie „die wahren Meister". Jahrhundertelang fragte sich der Mensch, warum Vögel singen, und seine einzige Erklärung war, daß ihre Melodien „dem Ruhme Gottes" bestimmt seien. Erst im Jahre 1920, als Eliot Howard sein Buch *Territory in Bird Life* (Das Revier im Leben des Vogels) veröffentlichte, wurden plausiblere Theorien des Vogelgesanges entwickelt; denn es stellte sich heraus, daß Vögel aus ganz praktischen Gründen singen: um einen Partner anzulocken und um ihr „Revier" abzustecken, wenn sie nisten.

Wir wissen heute, daß bei vielen Vogelarten jene

Männchen die ausdauerndsten Sänger sind, die zwar ein Revier, aber keine Partnerin haben. Ein Weibchen schenkt wahrscheinlich demjenigen Bewerber seine Gunst, der am hartnäckigsten singt. Doch die Tatsache, daß der Vogelsang eine sexuelle Funktion hat, schließt nicht aus, daß er auch anderen Zwecken dient. Ein Flirt unter Menschen dient ebenfalls der Erhaltung der Art; aber für die Beteiligten kann er auch ein äußerst kunstvolles und angenehmes Erlebnis sein.

Mein Interesse an Singvögeln erwachte vor einigen Jahren. Ich ging jeden Morgen in einen kleinen Park in der Nähe meines Hauses, wo ich zum Tagesanfang meditierte. Nach einigen Minuten der „Atembeobachtung" begann ich, auf meine unmittelbare Umgebung zu achten. Vor allem bemerkte ich das Geplapper und Gezwitscher im nahegelegenen Gebüsch. Da waren Rauchschwalben, Meisen mit schwarzen Kappen und dunkeläugige Juncofinken. Aber ich hatte sie nie zuvor gehört. Ich hatte andere Dinge im Kopf als Vögel und ihren Gesang. Als ich aber auf sie aufmerksam wurde, wunderte ich mich über diese gefiederten Sänger. Ich wurde neugierig. Warum singen Vögel?

Vielleicht hat der Dichter Gerard Manley Hopkins recht, wenn er meint, ein Vogel wolle mit seinem Gesang nachdrücklich auf seine Existenz hinweisen: „Er spricht und sagt: *ich bin*; er ruft: *was ich tu' , bin ich selbst, darum bin ich da.*" Mit bestimmten Liedern verkündet der Vogel, daß er da ist; er verscheucht potentielle Eindringlinge; oder er lockt Weibchen derselben Art an. Aber nähere Untersuchungen zeigen, daß die meisten Vogelgesänge viel mehr sind als simple Schreie der Selbstbehauptung.

Wenn Jungvögel zu singen beginnen, gleichen sie sehr kleinen Kindern, die sprechen lernen: sie entdecken Laute durch ungehindertes, unbekümmertes Geplapper. Studien haben gezeigt, daß Vögel mehr als die meisten

anderen Geschöpfe mit Tönen „spielen" - nicht nur mit den Lauten ihrer eigenen Stimme, sondern auch mit Tönen, die sie ihrer Umwelt ablauschen und imitieren. Forscher haben häufig beobachtet, wie Singvögel Gegenstände immer wieder aufnehmen und fallen lassen, offenbar nur um des schieren Vergnügens willen, die Welt klingen und rasseln zu hören.[2] Aus ihrem kindlichen Gurren und Tschirpen entwickeln heranwachsende Vögel allmählich ihr Repertoire aus Liebesliedern, die eher stereotyp und zielgerichtet sind.

Daraus ist zu schließen, daß die meisten Vogelgesänge viel mit Lernen zu tun haben. Lock- und Warnrufe scheinen angeboren zu sein, und wahrscheinlich neigen die meisten Vögel, wenn sie singen lernen, instinktiv dazu, die Lautmuster ihrer eigenen Art zu übernehmen. Aber es gibt zahlreiche Berichte über Vögel, die in der Gefangenschaft, isoliert von ausgewachsenen Artgenossen, aufwuchsen und die „falschen" Lieder lernten. Eine Weidenlerche aus dem Westen der USA kann beispielsweise wie ein Pirol aus Baltimore in Maryland singen.[3]

Bei Angehörigen derselben Art können sich sogar unterschiedliche „Dialekte" entwickeln, je nachdem, wo sie leben - ein weiteres Indiz dafür, daß das Singen eine erworbene Kunst ist. Und hochbegabte Imitatoren unter den Vögeln - wie die Spottdrossel und der australische Leierschwanz - können die Lieder vieler anderer Arten erlernen und nachahmen. Eine Spottdrossel kann bis zu zweihundert verschiedene Melodien lernen, und von den Leierschwänzen weiß man, daß sie Lokomotivpfeifen, Autohupen und Hundegebell ebenso imitieren können wie die Melodien ihrer Nachbarn.

Der Vogelgesang ist daher alles andere als ein mechanischer Vorgang. Ebenso wie das Gehirn des Menschen auf Sprechen, nicht aber auf die einzelne Sprache wie Englisch, Französisch oder Hindi programmiert ist, sind

Vögel möglicherweiise auf Musik und nicht auf eine bestimmte Tonfolge programmiert . Vielleicht zirpen Grillen und summen Zikaden mehr oder weniger instinktiv (obwohl selbst Insekten die Frequenzen ihrer Rufe variieren, um ihren Chor zu synchronisieren). Vögel haben jedoch bei der Auswahl ihrer Lieder sehr viel Freiheit.

Ist es reiner Zufall, daß sie so schön singen? Gewiß klingen nicht alle Vögel sonor. Von der Alabardrossel sagte ein Ornithologe, sie habe ihre Melodie vergessen und pfeife trotzdem weiter. Und die meisten Vögel verwenden rauhere und disharmonischere Töne als die Komponisten der Avantgarde.[4] Überraschenderweise haben viele Vögel wenig Sinn für Tonhöhen und Stimmlagen; aber die besten Sänger unter ihnen nutzen sämtliche Tonelemente - Intervall, Rhythmus, Motiv und Variation - in komplexen und überaus ansprechenden Kombinationen. Und was ist Musik anderes als die bewußte Anordnung von Tönen zu ästhetischen Mustern?

Als ich den Leiter unseres Kirchenchores fragte, ob man den Vogelgesang als wahre Musik betrachten könne, lehnte er diesen Gedanken strikt ab. Seiner Meinung nach sind nur die Kompositionen der Menschen wirklich schöpferisch zu nennen. Doch die Natur der Musik schließt die Musik der Natur nicht aus. Vögel können zwar nicht erklären, woher ihre Melodien kommen; aber das konnte Mozart im Grunde genommen ebenfalls nicht. In einem Brief an einen Freund gestand der große Komponist, daß die Töne ihm ganz einfach zuflossen: *„Woher* und *wie* sie kommen, weiß ich nicht; und ich kann sie auch nicht zwingen."

Die Musik ist ein Ausdruck unseres Geistes; sie quillt aus inneren Brunnen und Bächen empor. Der Komponist Roger Sessions schreibt über die Musik: „Sie offenbart uns das geheime Wesen, das Tempo und die Energie unseres spirituellen Seins; unsere Ruhe und unsere Rastlosigkeit, unsere Lebhaftigkeit und unsere Mutlosigkeit, unsere Lebenskraft und unsere Schwäche - eigentlich alle feinen Schattierungen der dynamischen Variation unseres Innenlebens."[5] Musik ist demnach die Sprache der Seele.

Vögel leben schneller als Menschen, und dies ist einer der Gründe dafür, daß die einzelnen Töne im Vogelgesang so kurz sind - manchmal kann man sie nur mit Hilfe eines Spektrographen auseinanderhalten - und warum die Kompositionen der Vögel meist nur einige Sekunden lang dauern, die Symphonien der Menschen dagegen eine Stunde oder länger. Darum singen Vögel auch in den oberen Stimmlagen (ähnlich wie eine Schallplattenaufnahme höher klingt, wenn man sie schneller abspielt). Die Vögel mit ihrem Stoffwechsel, der sich ständig im *allegro* befindet, müssen uns Menschen für ausgesprochen behäbige, begriffsstutzige Geschöpfe halten. Ebenso wie unsere Musik den Rhythmus und die Intensität unseres Innenlebens widerspiegelt, ist die Musik der Vögel Ausdruck ihres hurtigen, flatterhaften Wesens.

Aber vielleicht haben wir nicht mehr lange das Vergnügen, ihrem Gesang zu lauschen. Neuere Zählungen beweisen, daß unsere Singvögel in den letzten zehn Jahren dezimiert wurden. Sei es wegen der Pestizide, sei es wegen verlorener Lebensräume - bei vielen Arten ist die Zahl der Vögel um bis zu einem Drittel zurückgegangen. Richard Coles, ein Biologieprofessor an der Universität Washington, hat im achthundert Hektar großen Wildpark des Tyson-Forschungszentrums bei St. Louis seit 1980 bei Grasmückeninen Rückgang um 30 % festgestellt. Die Grasmücke ist ein weit verbreiteter Singvogel mit etwa fünfzig Arten in Nordamerika. Auch die Schwärme der Fliegenschnäpper, Drosseln, Finken und anderer Singvögel verschwinden allmählich. Mit jedem ablaufenden Jahr und mit jedem Hektar Boden, den wir zum Bau von Häusern und

Supermärkten kahlschlagen, wird Rachel Carsons Warnung vor einem „stummen Frühling" realistischer. Wahrscheinlich merken die meisten von uns keinen Unterschied - aber die Welt wird ein wenig unmusikalischer, öder und unharmonischer, wenn der Lärm der Planierraupen die Musik der Felder und Wälder auslöscht.

Die Welt verliert auch an Reiz. Seit alter Zeit werden Vögel in der Kunst, im Mythos und in der Literatur dem mystischen Bereich des Geistes zugeordnet. Die ersten Christen gaben dem Heiligen Geist die Gestalt einer Taube. Im indischen *Mundaka-Upanischad* haben das Endliche und der Höchste Geist (das niedere und das höhere Selbst) die Gestalt zweier Vögel, die an einem Baum (dem Körper) haften. Die Griechen und die Ägypter stellten den Aufstieg der Seele nach dem Tod durch den Flug des *ba*, des Seelenvogels, dar, und in der islamischen Kunst flattern die Geister der Verstorbenen wie Vögel im Paradies herum. Es ist kein Zufall, daß Engel mit Flügeln gemalt werden. Ihre Freiheit, ihre Lebensfreude, ihre Energie und ihre Lebhaftigkeit haben die Vögel zu natürlichen Symbolen des Göttlichen gemacht.

Vögel inspirieren und erbauen uns mit ihren Liedern. George Meredith, ein Romanschriftsteller und Dichter des neunzehnten Jahrhunderts, ist der Verfasser eines Chorgesanges mit dem Titel „Die aufsteigende Lerche", der heute noch in einigen Gesangbüchern enthalten ist:

> Der Lerche Lied den Himmel füllt,
> Der Erde Liebe aus ihr quillt.
> Und höher fliegt sie übers Tal,
> Es ist ihr goldener Pokal
> Und sie der Wein, den er verlor.
> Sie nimmt uns, steigt mit uns empor.

Nein, Vögel singen nicht „zum Ruhme Gottes". Aber sie sind schöpferisch begabt wie wir, und die schöpferische Kraft ist ein Attribut Gottes, denn jede schöpferische Tätigkeit enthält ein transpersonales Element. In der Musik der Vögel wie der Menschen ist Schönheit „der Wein, den er verlor."

Wenn die letzte Lerche verstummt ist, verliert die Welt etwas Heiliges. Der Chor des Lebens verliert seine Stimme. Die Kathedrale der Erde verliert ihren Chor.

Anmerkungen

1. George J. Romanes, *Animal Intelligence* (Die Intelligenz der Tiere), New York: Appleton, 1884, S. 282.
2. Charles Hartshorne, *Born to Sing* (Zum Singen geboren), Bloomington: Indiana University Press, 1973, S. 51.
3. Ebenda, S. 49.
4. Ebenda, S. 46.
5. Brewster Ghiselin (Hrg.), *The Creative Process* (Der schöpfer sche Prozeß), Berkeley: University of California Press, 1952, S. 46.

Der Dichter Longfellow sagt: „Die Natur ist eine Offenbarung Gottes, die Kunst ist eine Offenbarung des Menschen." Aber haben auch andere Arten eine künstlerische
Ader? Wissen sie Bilder und Farben, Form und Schönheit
zu schätzen? Menschen sind nicht die einzigen Wesen, die
ihre inneren Visionen durch die Kunst ausdrücken. Auch
andere Arten scheinen den Drang nach dem Schönen zu
verspüren.

4

Kunst um der Kunst willen

Warum zeichnen Tiere?

Malen ist reines Vergnügen. Vor mehreren Jahren nahm ich einen Pinsel in die Hand, und es fiel mir sehr schwer, ihn wieder wegzulegen. Dennoch brauchte ich Mut, um zu beginnen. Obwohl mein Großvater Künstler war, meine Mutter malt und mein Bruder Kunstlehrer ist, galt ich immer als das „untalentierte" Mitglied der Familie. Heute glaube ich jedoch, daß alle Menschen künstlerisch begabt sind. Jeder von uns hat ein Gefühl für das Schöne. Wenn wir eine leere Leinwand mit glänzenden Farben und angenehmen Formen füllen, empfinden wir tiefe Befriedigung, und mit Geduld und Übung können wir unsere Geschicklichkeit verbessern. Heute kann ich Stunden mit meiner Palette verbringen.

Offensichtlich sind wir nicht die einzige Art, die Freude an diesem Steckenpferd hat. Im Jahre 1982 wurde Jerome Witkin, ein Kunstprofessor an der Universität Syrakus und eine angesehene Autorität auf dem Gebiet des abstrakten Expressionismus, eingeladen, eine Sammlung von Zeichnungen eines „mysteriösen Künstlers" zu begutachten. Der Professor war gerade mit den Vorbereitungen für eine

Wanderausstellung beschäftigt; dennoch war seine Neugier geweckt, und er nahm die Einladung an.

„Diese Zeichnungen sind sehr lyrisch - sehr, sehr schön", sagte der Professor, als er die Kollektion begutachtete. „Sie sind so positiv und bejahend, so spannungsgeladen. Die Energie ist so kompakt und beherrscht. Es ist einfach unglaublich!"

„Dieses Stück ist wirklich anmutig und zart", sagte er zu einer Zeichnung. „Die meisten meiner Studenten bringen so etwas nicht zustande."[1]

Erst nachdem er sein abschließendes Urteil als Experte abgegeben hatte, erfuhr Witkin, wer der Künstler war: eine vierzehn Jahre alte, 7.500 Pfund schwere asiatische Elefantendame namens Siri, die im Burned Park Zoo von Syrakus lebte. Siris Wärter hatte beobachtet, wie sie mit Stöcken und Steinen Linien in den Staub ihres Käfigs zeichnete. Gegen den Willen des Zoodirektors, der über die künstlerisch begabte Elefantenkuh die Nase rümpfte, gab der Wärter ihr Papierblöcke und Holzkohle, damit sie ihren Gefühlen Ausdruck verleihen konnte.

Siri ist talentiert, aber nicht einmalig; denn alle Elefanten zeichnen! Einige Zoos haben damit begonnen, daraus Kapital zu schlagen. Elefantenmalerei erzielt beim Publikum gute Preise - das unterscheidet ihre Werke von meinen. Aber Elefanten malen nicht wegen des Geldes; sie tun es unabhängig davon, ob jemand ihre Arbeiten vermarktet. Sie sind unseres Wissens die einzigen Tiere, die spontan und ohne Dressur malen und zeichnen.

Auch andere Tiere haben schöpferische Neigungen. In den fünfziger Jahren untersuchte der Anthropologe Desmond Morris die künstlerischen Fähigkeiten nichtmenschlicher Primaten, die auch mit der Feder und mit Farben geschickt umgingen, wenn man ihnen eine geeignete Ausrüstung gab. In seinem Buch *The Biology of Art*

(Biologie der Kunst) beschrieb Morris die Arbeiten von dreiundzwanzig Schimpansen, zwei Gorillas, drei Orang-Utans und vier Kapuzineraffen. Einer von ihnen, ein Schimpanse namens „Congo", produzierte mehr als vierhundert Zeichnungen, was einige Leute veranlaßte, ihn als „Picasso der Menschenaffen" zu bezeichnen.[2]

Obwohl die Primaten meist nur Gekritzel und Kleckse hervorbrachten, waren ihre Werke alles andere als willkürlich. Sie ließen deutlich erkennen, daß ihre Schöpfer ein Gefühl für Symmetrie und Ausgewogenheit hatten. Wenn der Schimpanse Congo ein Blatt mit einer Zeichnung auf der linken Seite bekam, fing er auf der rechten Seite zu zeichnen an, vermutlich um Ausgewogenheit herzustellen. Legte man ihm eine unvollendete Figur vor - zum Beispiel einen gepunkteten Ring, auf dem ein Tupfer fehlte -, zeichnete das Tier unweigerlich den Teil ein, der das Bild vollendete. Congo begann seine Karriere mit geraden Linien, die auf dem Papier eine Schraffur bildeten. Mit der Zeit machte er jedoch Fortschritte und zeichnete Fächerformen und sogar vollständige Kreise. Alle Affen arbeiteten mit Begeisterung. Congo konnte eine Stunde lang malen; dabei war er glücklich, und seine eigenen Schöpfungen versetzten ihn in Entzücken. „Sowohl der Mensch wie auch die Affen haben ein natürliches Bedürfnis, sich ästhetisch auszudrükken", folgerte Morris.[3] Andere Tiere scheinen sich ebenso wie Menschen an der „Kunst um der Kunst willen" zu erfreuen.

Siri, die Elefantendame, kam sogar ohne Zeichenutensilien aus. Das Wichtigste, was ihr Wärter ihr gab, war ein begeistertes Publikum.

Jerome Witkin war ebenso beeindruckt und keinesfalls enttäuscht, als er erfuhr, daß die von ihm so hoch gepriesene Kunst von einem Pachyderm produziert worden war. „Das imponiert mir sogar noch mehr", sagte er. „Unser menschliches Ego hat uns zu lange davon abgehalten, nach künstlerischen Fähigkeiten bei anderen Wesen Ausschau zu halten."[4]

Die Kunst entspringt einer spirituellen Sehnsucht, die allen Menschen gemeinsam ist: der Welt unseren Stempel aufzudrücken und unsere Lebensenergie in ein Werk zu investieren, das sich vom Durchschnitt abhebt und unser Dasein verschönert. Wir reagieren auf das Licht der äußeren Welt, indem wir unserem eigenen, inneren Licht Ausdruck verleihen; und wenn beide Lichtquellen auf derselben Wellenlänge strahlen, erscheint uns die Welt leuchtender und klarer. Könnte es sein, daß Siris Schöpfungen Produkte einer ähnlichen Sehnsucht nach Selbsterfahrung sind? Haben Elefanten und Affen ebenso wie Menschen einen Sinn für das Schöne? Wie können wir wissen, was im Geiste eines Elefanten vorgeht - und ob er überhaupt einen Geist hat? Und wie können wir diese verblüffenden Fragen wenigstens ansatzweise beantworten?

Solche Fragen faszinierten auch Alan Turing, einen der Erfinder des Computers und Pionier auf dem Gebiet der künstlichen Intelligenz. Das Rätsel, das Turing am meisten beschäftigte, war die Frage, ob Computer eines Tages fähig sein werden zu denken. Kann eine Maschine Verstand besitzen? Turing stellte die Fragen zu einer Zeit, als die Kybernetik noch in den Kinderschuhen steckte; und selbst heute behauptet niemand, daß man mit Programmen und Mikrochips etwas produzieren kann, was der menschlichen Intelligenz gleichkäme. Die Frage ist jedoch, ob das theoretisch möglich ist. Kann sich der Geist auf einer rein materiellen Grundlage entwickeln? Kann eine Maschine Kunst schaffen oder über den Sinn des Lebens nachdenken, oder Spaß an einem Witz haben, oder sich Sorgen darüber machen, daß ihre Stromkreise eines Tages ausfallen könnten?

Über diese Fragen können Menschen endlose dogmatische Debatten führen. Turing versuchte statt dessen, einen praktischen Ansatz zu finden. Er erfand einen Test, um das Vorhandensein oder Nichtvorhandensein einer Seele festzustellen!

Turings Erfindung wird heute als „Turing-Test" oder „Imitationsspiel" bezeichnet. Zum Test werden zwei Schreibmaschinen in verschiedenen Räumen benötigt (heute könnte man auch zwei Computerterminals anschließen). Die Schreibmaschinen sind mit einer Leitung verbunden, über die man Nachrichten von einem Raum zum anderen senden kann. Der Test besteht darin herauszufinden, wer (oder was) sich am anderen Ende der Leitung befindet: ein Mensch oder eine Maschine. Wenn eine Maschine einem Menschen vorspielen kann, er unterhalte sich mit einem anderen Menschen, hat die Maschine den Test bestanden, sagt Turing. Wenn sie sich wie ein Mensch mit all seiner Individualität, Komplexität und Schnelligkeit verhält, dann verfügt sie im Prinzip über das Äquivalent eines menschlichen Geistes.

Turings Test hat eine gewisse Bedeutung für die Frage, ob Siris Werke als eigenständige Kunst gelten können. Zumindest seit der Zeit des Philosophen Descartes wurden Tiere nämlich als biologische Maschinen betrachtet, die nicht nur *nicht*-menschlich, sondern *unter*-menschlich sind und allein von Instinkten getrieben werden, um in genau festgelegter Weise abzulaufen. Nach Descartes besitzen nur Menschen ein Bewußtsein, einen freien Willen und moralisches wie ästhetisches Empfinden.

Turing greift diese Vorurteile zumindest indirekt an. Siris Schöpfungen mögen zwar keine Rembrandts sein; aber wenn sie selbst Experten narren können, sind sie zumindest sehr gute Fälschungen. Wenn alles an ihren Zeichnungen auf ein Original hindeutet, gibt es keinen logischen Grund, ihnen das Prädikat „echte Kunst" zu verweigern.

Hope Irvine, die Direktorin des Seminars für Kunsterziehung an der Universität Syrakus und eine Autorität für Kinderkunst, begutachtete Siris Zeichnungen, ohne ihre Herkunft zu kennen.

„Die sehen nicht wie Kinderzeichnungen aus", sagte sie. Sie schienen ihr zu vollkommen zu sein und ein ungewöhnliches Verständnis für Fülle und Linienführung aufzuweisen. „Andererseits könnte ein Erwachsener eine Zeichnung wie diese ziemlich rasch aufs Papier werfen - nur sehen diese Arbeiten irgendwie nicht hingeworfen aus. Ich habe das Gefühl, daß diese Zeichnungen nicht planlos angefertigt wurden, daß der Zeichner damit einen Zweck verfolgte. Es hat etwas mit Musik oder Bewegung zu tun, ich weiß es nicht genau." Professor Irvines abschließende Stellungnahme lautete: „Diese Zeichnungen passen nicht zu einem Kind. Ich glaube, ein Erwachsener hat sie gemacht."[5]

Ich male zwar gerne, aber ich bin kein Kunstexperte. Für mich sehen manche Zeichnungen von Siri wie sinnloses Gekritzel aus, andere wie sehr hübsches Gekritzel mit viel Verständnis für Graphik. Viele erinnern mich an die klaren, dezenten japanischen Kalligraphien: kühne schwarze Pinselstriche, die auf dem Papier eine deutliche Spur hinterlassen. Die Striche sehen nicht geplant aus; aber eine spontane Intelligenz scheint sie zu leiten. Ein paar davon würde ich ohne Bedenken in meinem Wohnzimmer aufhängen.

Als Jerome Witkin einige Zeit später noch einmal über Siris „Oeuvre" nachdachte, verglich er es mit dem Werk Willem de Koonings. „Jeder, der sich ein wenig mit abstraktem Expressionismus auskennt, sieht hier eine unbewußte 'Handschrift', die entweder 'falsche' oder 'richtige' Spuren hinterläßt", bemerkte Witkin. „Wir bewundern die Zeichnungen von Willem de Kooning, einem der größten Künstler des Jahrhunderts, weil seine Pinselstriche in ihrem Angriff auf das Blatt so völlig korrekt und ehrlich zu sein scheinen. Nun, viele der vor mir liegenden Zeichnungen strahlen eine Energie, eine Art Freude am Reagieren aus, wie die besten Arbeiten de Koonings. Ich wünschte, Willem de Kooning könnte sie sehen."[6]

Davon ermutigt, beschlossen David Gucwa und James Ehmann, dem großen Meister ein Paket „Elefantenkunst" zu schicken. Willem de Kooning, damals achtzig Jahre alt, malte und zeichnete immer noch in seinem Studio in Easthampton, New York. Er bereitete sich gerade auf eine Ausstellung seiner Werke im Whitney-Museum in Manhattan vor, die auf zwei Etagen gezeigt werden sollte. Auf diese Weise kam ein weiterer „Turing-Test" zustande, und das Ergebnis ließ darauf schließen, daß andere Arten - zumindest Elefanten - durchaus eine künstlerische Ader haben. Elaine de Kooning, Willems Frau und selbst eine hervorragende Künstlerin, antwortete, sie und ihr Mann seien von den Zeichnungen angetan:

„Wir finden, sie haben Flair und Bestimmtheit und Originalität. Ich brauche wohl kaum zu sagen, daß wir verblüfft waren, als wir lasen, daß ein Elefant sie erschaffen hat.

Mein Mann sagte: 'Das ist ein verdammt talentierter Elefant.' Wir haben uns etwa eine halbe Stunde lang über die Zeichnungen unterhalten und sie Freunden gezeigt - sie waren alle ebenso erstaunt.

Die Zeichnungen sind nicht willkürlich. Sie sind nicht zufällig. Sie haben den gleichen Rhythmus und Schwung wie die kleinen Tanzschritte, die man hin und wieder bei Elefanten in Zoos und Zirkussen beobachten kann.

Mein Mann und ich sind daran interessiert, die Karriere

dieses Elefanten weiterhin zu verfolgen."[7]

Siris Bewunderer rühmen die Frische und den Charme ihrer Schöpfungen. Ob wir ihre Zeichnungen als echte Kunst anerkennen oder nicht, dürfte eine Frage des Standpunktes sein. Einerseits ist sehen gleich glauben; und wer Siris Arbeiten betrachtet, ohne ihre Schöpferin zu kennen, ist von ihnen begeistert. Andererseits ist glauben auch sehen; und diejenigen, die Elefanten für „törichte Tiere" halten, werden in Siris Zeichnungen wahrscheinlich nichts Besonderes sehen.

Waren wir voreilig, als wir die Lebewesen in künstlerisch Begabte und Unbegabte einteilten? Ist der *Homo sapiens* die einzige Spezies, die einen Sinn für Schönheit hat? Vielleicht haben das Licht und die Farben des Universums Siris eigenes inneres Licht wachgerufen. Können wir wenigstens die Möglichkeit in Betracht ziehen, daß Elefanten aus den gleichen Gründen malen wie wir - um des reinen Vergnügens willen?

Der große Kritiker John Ruskin sagte einmal, Kunst sei „eine Seele, die zu einer anderen spricht". Für jene, die Augen haben zu sehen und Ohren zu hören, ist Siri ein Elefant, der etwas Bedeutungsvolles zu sagen hat.

Anmerkungen

1. David Gucwa und James Ehmann, *To Whom it May Concern: An Investigation of the Art of Elephants* (An diejenigen, die es interessiert - eine Untersuchung über die Elefantenkunst), New York: Norton, 1985, S. 4.
2. E.O. Wilson, *Sociobiology* (Soziobiologie), Cambridge: Havard University Press, 1980, S. 288 f.
3. Desmond Morris, The Biology of Art (Biologie der Kunst), New York: Knopf, 1962, S. 151.
4. Gucwa, a.a.O., S. 6.
5. Ebenda, S. 106.
6. Ebenda, S. 119.
7. Ebenda, S. 120.

„Zwei Dinge erfüllen unseren Geist mit Ehrfurcht",

schrieb Immanuel Kant. „Der Sternenhimmel über uns und

das moralische Gefühl in uns." Sind Menschen aber die

einzigen Tiere, die ein Moralgefühl oder ein Gewissen

haben? Haben andere Geschöpfe ein Gefühl für Recht und

Unrecht? Wir sind gewiß nicht die einzigen Wesen, die vom

Mitgefühl und von der Sorge um andere bewegt werden.

Der Altruismus ist im Tierreich weit verbreitet.

5

Evolution und Ethik

Können Tiere Recht und Unrecht unterscheiden?

Es ist wundervoll, Teil einer liebevollen, fürsorglichen Gemeinschaft zu sein. Ich lernte dieses Gefühl schätzen, als meine Frau und ich an Lungenentzündung erkrankten, kaum daß ich mit diesem Buch begonnen hatte. Mitglieder unserer Gemeinde brachten Suppe, Kasserollen und vegetarischen Chili ins Haus, um unsere Familie während der Krankheit zu unterstützen. Sie schickten Karten (mit Elefanten geschmückt!), um uns aufzumuntern.

Gegenseitige Hilfe, wenn wir krank sind, ist in unserer Gemeinde eine Art, sich die Hände zu reichen. Niemand scheint diese Hilfsaktionen zu organisieren oder viel darüber nachzudenken. Sie sind ganz einfach ein natürlicher Ausdruck unseres Interesses am Wohlergehen des Mitmenschen.

Tiere haben offenbar auch das Bedürfnis, anderen zu helfen. Einmal stand in unserer Lokalzeitung eine Geschichte über einen jungen Delphin, der „in stark geschwächtem Zustand" diesseits der Surfgrenze in der Santa-Monica-Bucht aufgetaucht war. Umweltbeauftragte der Marine waren sich nicht genau darüber im klaren, was dem Tier fehlte. Sechs erwachsene Delphine hatten das kranke Säugetier umringt und versucht, es vor dem Stranden zu bewahren. Delphine kümmern sich ebenso wie Menschen um ihre kranken Freunde und Angehörigen.

Es gibt überzeugende Belege für Altruismus im Tierreich. In der Wildnis führen Schimpansen hungrige Gefährten zu Bäumen mit reifen Früchten. Vogelmütter bieten sich Raubtieren als lebende Köder an, um sie vom Nest ihrer Jungen wegzulocken. Afrikanische Wildhunde greifen einen Gepard unter Einsatz ihres Lebens an, um ein Jungtier zu retten. Teilen und füreinander sorgen ist bei vielen Arten offenbar eine natürliche Verhaltensweise.

Der erste, der dieses Verhalten systematisch untersuchte, war Charles Darwin in seinem Buch *The Descent of Man* (Die Abstammung des Menschen). Seine Schlußfolgerung lautete: „Der Unterschied zwischen dem menschlichen und dem tierischen Geist, so groß er auch ist, ist sicherlich quantitativer, nicht qualitativer Art."[1] Darwin wies darauf hin, daß alle sozialen Tiere über Gefühle und Triebe verfügen, die dem Wohl der Gemeinschaft dienen. Vögel und Säugetiere, die in Schwärmen oder Herden zusammenleben, stoßen bei Gefahr Warnrufe aus, und manche - zum Beispiel Gänse und Seehunde - stellen sogar Wachtposten auf. Das erfordert eine Menge Opferbereitschaft; denn das „diensthabende" Tier setzt sich seinen Gefährten zuliebe größeren Risiken aus und verpaßt Gelegenheiten, zu fressen und sich auszuruhen.

Tiere arbeiten auch zusammen, um die Gruppe zu verteidigen, so etwa Sperlinge, die sich auf einen Habicht stürzen, oder jene Affenhorde, die Darwin erwähnt. Er beobachtete, wie ein Adler ein Äffchen packte, das sich an einen Ast klammerte, um nicht fortgeschleppt zu werden. „Es schrie laut um Hilfe", schreibt Darwin, „worauf die anderen Mitglieder der Horde in großen Aufruhr gerieten und herbeieilten. Sie umringten den Adler und rupften ihm so viele Federn aus, daß er nicht mehr an seine Beute, sondern nur noch an Flucht denken konnte."[2]

Von Pelikanen und Krähen weiß man, daß sie blinde Gefährten füttern und sich um sie kümmern, und solche Fälle, meint der große Naturforscher, seien wohl viel zu selten, als daß man sie dem Instinkt zuschreiben könne.

Tiere können eindeutig Mitgefühl empfinden, wenn andere Wesen Kummer haben. Hunde leben schon so lange unter Menschen, daß sie oft menschliche Eigenarten anzunehmen scheinen. Die meisten Hunde reagieren prompt auf Lob und Tadel und begreifen rasch, was in den Augen ihres Herrn „gutes" und „böses" Verhalten ist. Ich bin davon überzeugt, daß mein Hund Chinook echte Reue verspürt, wenn ich ihn ausschelte, weil er etwas angestellt hat. (Selbst spirituelle Führer graben hin und wieder ihr Blumenbeet um. Als wir einmal wegfuhren und Chinook der Obhut eines Hundesitters überließen, war er so gekränkt, daß er die Wohnzimmervorhänge auffraß). Wenn ich ihn tadle, ist seine Reue ehrlich und aufrichtig, wenn auch von kurzer Dauer.

Wie die meisten Hundefreunde war Darwin davon überzeugt, daß „der beste Freund des Menschen" etwas besitzt, was einem Gewissen sehr nahekommt. „Ich glaube, es kann kein Zweifel daran bestehen, daß ein Hund nicht nur Furcht, sondern auch Scham empfinden kann - und es sieht ganz danach aus, als hätte er ein schlechtes Gewissen, wenn er zu oft um Futter bettelt."[3]

Dennoch scheute Darwin vor der Behauptung zurück, Tiere besäßen ein echtes Moralgefühl. Er glaubte, Moral im eigentlichen Sinne setze kritisches Urteilsvermögen voraus; man müsse sein eigenes Tun an einer allgemeingültigen Moral messen. Er fand keine Anhaltspunkte dafür, daß andere Tiere über diese Fähigkeit verfügen. „Wenn also ein Neufundländer ein Kind aus dem Wasser zieht oder ein Affe sich in Gefahr begibt, um einen Gefährten zu retten, oder sich um ein Waisenkind kümmert, nennen wir sein Verhalten nicht moralisch", schließt Darwin.[4]

Was aber ist Moral? Ist sie vor allem eine Folge des Nachdenkens über abstrakte Prinzipien? Oder ist sie eher eine Reaktion auf den natürlichen Impuls, einem anderen in seiner Not zu helfen? Vermutlich gab es unter den Menschen Fürsorge und Rücksicht, lange bevor sie komplizierte Moralvorstellungen entwickelten. Sind die Menschen in einfachen Gesellschaften, die noch keine Schrift kennen, etwa weniger moralisch als jene, die an Universitäten und in Bibliotheken Ethik studiert haben?

Darwin war ein hervorragender Biologe, aber ein kümmerlicher Ethiker. Er war nicht nur der Meinung, Tiere hätten kein Moralgefühl, sondern er hielt auch „Primitive" und „Wilde" in dieser Hinsicht für minderbemittelt. Wie die meisten seiner viktorianischen Zeitgenossen war er von der überlegenen Geisteskraft gebildeter Europäer überzeugt. Sie waren seiner Ansicht nach in intellektueller wie in ethischer Hinsicht den „weniger zivilisierten" Rassen überlegen. Nach Darwins Auffassung nahmen Denkvermögen und Moral von der tierischen Stufe der Schöpfung an allmählich zu, bis sie in den Wohnzimmern und Salons der feinen Gesellschaft ihren Höhepunkt erreichten.

Die Moral der „Wilden" hielt Darwin für beschränkt und selbstsüchtig. Er glaubte, primitive Völker interessierten sich nur für ihren eigenen Stamm oder Klan; aber nach und nach, im Laufe der moralischen Evolution, hätten die Menschen gelernt, ihre ethischen Maßstäbe über den Bereich ihrer Familie und Gruppe hinaus auch auf andere anzuwenden. „Wenn die menschliche Zivilisation Fortschritte macht", schreibt Darwin, „und kleine Stämme sich zu größeren

Gemeinschaften vereinen, sagt selbst der einfachste Verstand dem einzelnen, daß er seine sozialen Instinkte und Sympathien auf alle Mitglieder seiner Nation ausdehnen sollte, auch wenn er sie gar nicht kennt. Wenn er diesen Punkt einmal erreicht hat, kann nur noch eine künstliche Barriere ihn daran hindern, seine Zuneigung auf die Menschen aller Nationen und Rassen auszudehnen."[5] Was Darwin übersah, ist die Tatsache, daß die Barriere zwischen „moralischen" Menschen und „unmoralischen" Nichtmenschen ebenso künstlich ist.

Das englische Wort „kin" (Familie), das Darwin verwendet, ist mit „kind" (freundlich) verwandt. Diese Beziehung deutet an, daß uns die Bedürfnisse und Gefühle derjenigen, die wir als „unser eigen Fleisch und Blut" betrachten, besonders am Herzen liegen. Wesen, denen wir uns eng verwandt fühlen, schenken wir unsere Aufmerksamkeit, während wir jenen, die wir als fremd empfinden, unsere Fürsorge vorenthalten. Die Frage ist: Welche ethisch bedeutsamen Eigenschaften muß ein anderes Wesen habe, damit wir es in unsere „Moralgemeinschaft" aufnehmen?

Immer wieder wurden im Laufe der Geschichte Rasse, Hautfarbe und andere oberflächliche Merkmale als Vorwand genommen, um anderen ihre Rechte abzusprechen und ihnen unsere Zuneigung und Fürsorge zu verweigern. Und ebenso wie die Europäer des neunzehnten Jahrhunderts den Kolonialismus damit begründeten, daß „Primitive" und „Wilde" geistig und moralisch minderwertig seien, fahren wir heute damit fort, die Ausbeutung der Tiere in gleicher Weise zu rechtfertigen. Indem wir leugnen, daß Tiere ein Moralgefühl besitzen, reden wir uns selbst ein, Menschen gehörten grundsätzlich einer höheren Ordnung an. Darum dürfen wir jene, die „unter uns stehen", kolonisieren und ungestraft versklaven.

Nach Darwins Abstammungslehre sind wir mit den Tieren biologisch verwandt. Aber wie würde sich unsere Einstellung ihnen gegenüber ändern, wenn wir sie auch als moralische und spirituelle Geschwister ansähen, als Wesen, die mit Güte, Mut und anderen „menschlichen" Tugenden begabt sind? Eine Antwort darauf finden wir vielleicht bei Darwins Zeitgenossen und Kollegen George Romanes, der folgende unglaubliche Geschichte über „tierische Menschlichkeit" erzählt:

Einer seiner Freunde, ein Naturforscher, der Vögel sammelte, schoß eine Seeschwalbe, die verwundet ins Meer fiel. Die Gefährten des Vogels umkreisten ihn und demonstrierten ihr Mitgefühl, so wie es Seeschwalben und Möwen in solchen Fällen immer tun. Von seinen Freunden begleitet, trieb der verletzte Vogel allmählich der Küste zu, und der Jäger hielt sich bereit, seine Trophäe zu ergreifen. Doch zu seinem „äußersten Erstaunen" beobachtete er, „wie zwei andere Seeschwalben ihre hilflose Gefährtin packten - jede hielt einen Flügel -, aus dem Wasser hoben und seewärts trugen." Zwei weitere Vögel folgten ihnen. „Dann trugen die beiden sie weiter, die bisher inaktiv gewesen waren. Auf diese Weise fuhren sie fort, den Vogel abwechselnd zu tragen, bis sie ihn zu einem Felsen in beträchtlicher Entfernung befördert hatten, wo sie ihn sicher absetzten." Als der Jäger sich von seiner Überraschung erholt hatte, schickte er sich dennoch an, der verletzten Seeschwalbe habhaft zu werden. Die anderen Vögel beobachteten ihn jedoch, und der ganze Schwarm senkte sich herab, als wolle er ihm den Weg versperren. Und bevor er seine Beute packen konnte, wurde die Verletzte wieder von ihren Gefährtinnen gerettet.

„Als ich mich dem Felsen näherte, ergriffen zwei Vögel mein Opfer aufs neue und trugen es triumphierend hinaus aufs Meer, bis es sich weit außerhalb meiner Reichweite befand. Ich hätte es zweifellos verhindern können, wenn ich gewollt hätte. Aber unter diesen Umständen brachte ich es nicht übers Herz, und ich erlaubte ihnen bereitwillig, einen Akt der Barmherzigkeit zu vollbringen, den nachzuahmen dem Menschen wohl anstünde."[6]

Eine „gute Seeschwalbe" ist der anderen wert. Und wenn Gemeinschaftssinn, Zusammenarbeit, Selbstaufopferung und Tapferkeit vor dem Feind moralische Tugenden sind, weisen diese Vögel alle Anzeichen von Moralgefühl auf. Wie können wir auch nur daran denken, solche Geschöpfe abzuschießen? Tiere, die so tapfer und mitfühlend sind, dürfen für uns keine Zielscheibe sein.

Auf dem langen Weg unserer moralischen und spirituellen Evolution haben wir nach Darwin allmählich gelernt, immer mehr Menschen in den Kreis derjenigen einzubeziehen, die uns am Herzen liegen. Vielleicht ist es jetzt an der Zeit, nicht nur andere Rassen und Nationen, sondern auch andere Arten in diesen Kreis aufzunehmen. „Mitgefühl über die menschliche Rasse hinaus", bemerkt Darwin, „also Menschlichkeit gegenüber den niedrigeren Tieren, scheint eine der neueren moralischen Errungenschaften zu sein."[7] Wir müssen uns allerdings darüber im klaren sein, daß andere Tiere nicht „niedriger" sind als wir. Sie sind lediglich anders.

Tiere haben zwar andere Vorstellungen von Loyalität als wir, aber auch sie können loyal sein. Ihre Art Mitgefühl mag uns fremd sein; dennoch empfinden sie Mitgefühl. Natürlich sind nicht alle Tiere sozial gesinnt, und nur wenige sind altruistisch. Nicht alle Tiere (und nicht alle Menschen) haben Moralgefühl oder können Recht von Unrecht unterscheiden. Doch fast alle Tiere leiden und bluten wie wir, wenn sie verwundet sind. Unter der Haut sind wir alle verwandt, einerlei, ob wir nackt, bepelzt oder mit Federn bedeckt sind.

Wir sind mit allen Geschöpfen verbunden, und darum müssen wir zu allen gütig sein. Die Überwindung des Artenwahns - der Illusion, wir seien anderen Kreaturen überlegen - wird der nächste Schritt in unserer moralischen und spirituellen Evolution sein.

Anmerkungen

1. Charles Darwin, *The Descent of Man* (Die Abstammung des Menschen), New York: A. L. Burt, 1874, S. 148.
2. Ebenda, S. 115.
3. Ebenda, S. 74.
4. Ebenda, S. 126.
5. Ebenda, S. 139.
6. Romanes, a.a.O., S. 275.
7. Darwin, a.a.O., S. 139.

„Gibt es etwas Größeres für zwei menschliche See-
len", fragt George Eliot, „als das Gefühl, ein Leben lang
verbunden zu sein?" Können auch Tiere lieben? Wissen
sie, was Ergebenheit und Treue bedeuten? Liebe ist der
edelste Ausdruck unserer Menschlichkeit; sie ist zudem
eines der Bänder zwischen uns und anderen Lebewesen.
Liebe ist eine Art Symbiose: Zwei selbständige Organismen
verbinden sich, um etwas Größeres hervorzubringen. Sie ist
eine Partnerschaft, die Menschen und Tiere verbindet.

6

Partner fürs Leben

Können Tiere lieben?

Einerlei, ob zwei Menschen in der Privatsphäre ihres Wohnzimmers Ringe tauschen oder ob sie eine Gala mit Brautjungfern, Ringträgern und meterlangem weißen Satin veranstalten - eine Hochzeit ist stets eine bedeutsame Angelegenheit. Der Beschluß zu heiraten ist eine der wichtigsten Entscheidungen, die wir jemals treffen; denn er soll uns ein Leben lang binden. Jedesmal, wenn ich ein Paar traue, bin ich mir dieser feierlichen Verpflichtung bewußt, und ich versuche, dies mit den richtigen Worten auszudrükken. Oft lese ich die folgenden Worte aus dem ersten Brief des Paulus an die Korinther, einen Lobpreis auf die Liebe zwischen den Menschen:

„Die Liebe ist langmütig und freundlich. Die Liebe eifert nicht. Die Liebe treibt nicht Mutwillen; sie bläht sich nicht; sie stellt sich nicht ungebärdig; sie sucht nicht das ihre; sie läßt sich nicht erbittern; sie rechnet das Böse nicht zu; sie freut sich nicht der Ungerechtigkeit; sie freut sich aber der Wahrheit; sie verträgt alles; sie glaubt alles; sie hofft alles; sie duldet alles."

Ich finde, diese Worte sind für Trauungen besonders

geeignet. Körperliche Vorzüge können ein Paar zwar zusammenbringen, aber wenn die Ehe von Dauer sein soll, bedarf es anderer Tugenden: Beständigkeit, Geduld, Anpassungsfähigkeit und Ausdauer.

Viele Ehen überdauern Jahre; doch der Glanz vergeht. Wärme und zärtliche Gefühle weichen kühler Gleichgültigkeit. Die Faszination der romantischen Beziehung macht der Öde des Alltags Platz. Die Zunahme der Scheidungen zeigt, daß das Versprechen, sich „in guten wie in schlechten Tagen" zu lieben, ein Ideal ist, das nur wenige Menschen erreichen.

Anders die Dohlen. Wie die Wildgänse gehören die Dohlen zu jenen Vogelarten, die eine lebenslange Ehe führen. In seinem Buch *Der Ring König Salomons* vergleicht Konrad Lorenz ihr Liebesleben mit dem der Menschen und stellt ihnen ein gutes Zeugnis aus.

Äußerlich sind Dohlen ihren Verwandten, den Krähen, ähnlich. Es sind langlebige Geschöpfe, und ihre Beziehungen dauern oft länger als die Ehen der Menschen. „Doch selbst nach vielen Jahren", schreibt Lorenz, „füttert das Männchen seine Frau noch mit derselben liebevollen Fürsorge und findet für sie dieselben tiefen Töne der Liebe, zitternd vor innerer Bewegung, die es in seinem ersten Frühling des Lebens und der Verlobung geflüstert hat."[1]

Dohlen können sich wie Menschen „Hals über Kopf" verlieben. Und daraus erblüht - es ist schwer zu erklären - eine Romanze. „In dieser Hinsicht verhalten sich viele höhere Vögel und Säugetiere genauso wie der Mensch", bekräftigt Lorenz. „Sehr oft ist selbst bei Dohlen ganz plötzlich, von einem Tag zum anderen, die 'grand amour' da - und zwar typischerweise, wie bei den Menschen, im Augenblick der ersten Begegnung."[2]

Obwohl es bei Dohlen die „Liebe auf den ersten Blick" gibt, sind sie altmodische Vögel und ziehen sich nicht gleich

ins Schlafzimmer zurück. Ebenso wie viele andere Vogelarten haben sie eine lange Verlobungszeit. Zwischen der
„Verlobung" - der Entwicklung der Paarbindung - und der
„Hochzeit" - dem Höhepunkt der Partnerschaft - liegt gewöhnlich ein volles Jahr der Werbung.

„Das verlobte Paar geht ein inniges Verteidigungs-
bündnis auf Gegenseitigkeit ein, und beide Partner unterstützen einander überaus loyal", schreibt Lorenz.

„Es ist faszinierend, diese wehrhafte Liebe zu beobachten. Ständig balzend und kaum jemals mehr als einen
Meter getrennt, gehen die beiden gemeinsam durchs Leben. Sie scheinen ungeheuer stolz aufeinander zu sein,
wenn sie schwerfällig nebeneinander hergehen ... Und es
ist wirklich bewegend zu sehen, wie sehr diese zwei wilden
Kreaturen einander zugetan sind. Jede Delikatesse, die das
Männchen findet, gibt es seiner Braut, und sie nimmt sie mit
den klagenden, bettelnden Gesten und Lauten an, die
ansonsten typisch für Jungvögel sind. Das Liebesgeflüster
des Paares besteht hauptsächlich aus kindlichen Lauten,
die sich bei erwachsenen Dohlen auf solche Gelegenheiten
beschränken. Wie seltsam menschlich auch das!"[3]

Einige spitzfindige Leute mögen es für Sentimentalität
halten, einem Paar nistender Vögel höhere Gefühle wie
Liebe zuzuschreiben. Doch Lorenz hält dem entgegen, daß
Liebe im Tierreich weit verbreitet ist. Sie ist sogar ein uralter
Trieb. Liebe hat schließlich weniger mit dem Kopf als mit
dem Herzen zu tun. Und während die Vergrößerung des
Neokortex ein recht neues Ereignis in der Evolution ist, hat
das Wachstum des limbischen Systems (der grauen Masse,
die den Hirnstamm umgibt und die Emotionen steuert) vor
langer Zeit begonnen. Diese Hirnregionen sind bei Vögeln
ziemlich gut entwickelt. Zwischen Menschen und Dohlen
mag zwar eine intellektuelle Kluft bestehen; doch der
emotionale Unterschied dürfte viel geringer sein.

Vögel scheinen über sämtliche Nervenverbindungen zu verfügen, die sie brauchen, um Vernarrtheit, Eifersucht und all die anderen Leiden der Liebeskranken zu empfinden. Als einer der Vögel, die Lorenz studierte, seinen Partner verlor - das Tier war von einem Fuchs gefressen worden - waren beim Überlebenden alle Anzeichen der Trauer erkennbar: Unlust, Appetitlosigkeit, Niedergeschlagenheit und gesenkte Augen. „Was die Gefühle anbelangt", schreibt Lorenz, „sind uns Tiere viel ähnlicher, als gemeinhin angenommen wird."[4] Wenn wir das Paarungsverhalten der Dohlen „Liebe" nennen, so projizieren wir damit nicht menschliche Eigenschaften auf Tiere, sondern wir anerkennen, daß tierische Merkmale auch bei Menschen vorhanden sind.

Es sollte uns somit nicht überraschen, daß das Liebesleben anderer Arten sich vorteilhaft von unserem abhebt. Wie Dohlen sind auch Gänse berühmt für ihre Treue zu ihren Partnern. Sobald das zunächst schüchterne Weibchen sich für das Liebeswerben des Gänserichs erwärmt hat und mit ihm ein „Siegesgeschrei" anstimmt, sind beide ein Paar fürs Leben.

Eines Morgens vor vielen Jahren war ein Bauer in der Nähe von Buenos Aires Zeuge der herzergreifenden Festigkeit dieser Liebe. Während eines Rittes sah er vor sich auf der Ebene zwei Gänse watscheln, ein weißes Männchen und ein braunes Weibchen. Als er näherkam, beobachtete er, daß das Weibchen beharrlich nach Süden strebte. Der überaus aufgeregte Gänserich ging etwa vierzig Meter vor ihr her und erhob sich, klägliche Rufe ausstoßend, immer wieder in die Luft. Nach kurzem Flug kehrte er um und begleitete seine Gefährtin wieder auf ihrem mühseligen Marsch. Dieses Verhalten wiederholte sich mehrere Male. Das Weibchen hatte einen gebrochenen Flügel, und da es nicht fliegen konnte, hatte es sich zu Fuß auf die Herbstwanderung zu den Magellaninseln begeben. Obwohl der Gänserich von seinen tiefsten Instinkten nach Süden getrieben wurde, weigerte er sich, seine Partnerin zu verlassen; er blieb ihr in der Stunde ihrer Not treu und bat sie wehklagend, ihre Flügel auszubreiten und mit ihm die lange Reise nach Hause anzutreten. Dieses Paar wollte sich wirklich treu sein, „bis daß der Tod uns scheidet".[5]

Dohlen und Gänse sind natürlich Ausnahmeerscheinungen. Nur wenige andere Tiere - Schwäne, Raben und einige Adler - schließen lebenslange Ehen. Bei den meisten Tieren ist das Liebesleben so verworren und problematisch wie bei uns. Manche Vögel haben Schwierigkeiten, einen Partner der richtigen Art zu finden. (Sperlinge zum Beispiel sehen ziemlich gleich aus, nicht nur für Vogelbeobachter, sondern auch für Sperlingsaugen - daher ist ein charakteristischer Gesang zum Anlocken des richtigen Partners so wichtig). Wenn Männchen und Weibchen ein ähnliches Federkleid tragen, fällt es sogar den Tieren manchmal schwer, Knaben und Mädchen auseinanderzuhalten. Seetaucher zerbrechen sich ständig den Kopf darüber, welches Geschlecht sie haben, und es kommt gar nicht so selten vor, daß das Weibchen das Männchen bestelgt. Bei anderen Arten ist das Liebesspiel also nicht unkomplizierter als bei uns.

Die Liebe der Vögel ist auch nicht immer süß und zärtlich. Als ich vor einigen Jahren als Freiwilliger in der Tierklinik eines Wildschutzgebietes arbeitete, half ich, ein Entenweibchen zu behandeln, das von einer Enterichbande „vergewaltigt" worden war. Während einige Vögel Musterbeispiele für eheliche Hingabe sind, nehmen andere es längst nicht so genau, was ihre Beziehungen angeht. Wir brauchen Tiere aber nicht zu idealisieren, um anzuerkennen, daß eine mächtige natürliche Kraft zwei Geschöpfe aneinanderbindet - trotz aller Probleme und Gefahren, die damit verbunden sind -, und in dieser Anziehungskraft etwas Wunderbares liegt.

So sehe ich es zumindest. Wenn ich ein Paar traue und das Liebesband zwischen zwei menschlichen Seelen feierlich bekräftige, spüre ich die Gegenwart eines Sakramentes, das so alt ist wie die Welt. Wenn zwei Liebende vor den Altar treten, um Mann und Frau zu werden, vollziehen sie ein Ritual, das fast seit Anbeginn der Welt existiert. Nach unserem Gebetbuch ist die Ehe „eine Institution, die von Gott eingesetzt und von guten Männern und Frauen aller Zeitalter treu bewahrt und ehrbar gemacht wurde". Doch die Ehe ist Millionen Jahre älter als die Menschheit. Die Liebe ist tief in unserer Biologie verwurzelt.

Durch die Liebe treten wir in Verbindung mit den Tiefen unseres Selbstes, und im innersten Bereich unseres Lebens entdecken wir das Universelle. „Die Liebe", sagt der Theologe Paul Tillich, „ist das Leben selbst in seiner ursprünglichen Einheit". Wir bezeugen und feiern diese Einheit in der Ehe. Durch Sex, Liebe und Fortpflanzung, diese miteinander verwobenen Mysterien, entwickelt und verewigt sich das Leben; die Erde bewahrt ihre Vitalität, und das Universum wird erneuert.

Liebe ist der Wunsch in jedem schlagenden Herzen, sich mit einem größeren, dauerhafteren Leben zu vereinen. Ist Liebe eine menschliche Fähigkeit? Oder eine tierische? Manche Leute sagen, sie ist göttlich. Von den drei großen göttlichen Werten - Glaube, Hoffnung und Liebe - ist die Liebe die größte.

Anmerkungen

1. Konrad Lorenz, *King Solomon's Ring* (Der Ring König Salomons), New York: Crowell, 1952, S. 159.
2. Ebenda, S. 153.
3. Ebenda, S. 158
4. Konrad Lorenz, *The Year of the Greylag Goose* (Das Jahr der Graugans), New York: Harcourt Brace Jovanovich, 1978, S. 31.
5. W. H. Hudson, *Birds and Man* (Die Vögel und der Mensch), New York: Knopf, 1923, S. 183 f.

Wer jemals einen jungen Hund mit einer Socke geneckt oder ein Kätzchen mit einem Wollknäuel gefoppt hat, weiß, daß Tiere gerne spielen. Ponies tänzeln, Lämmer tollen umher, und Ottern sind die geborenen Clowns. Aber warum spielen Tiere? Welchen Zweck hat das Spiel? Die Schwierigkeit, im Spiel einen „Zweck" zu finden, ist wohl der Schwierigkeit vergleichbar, einen einzigen Zweck im Leben zu entdecken. Für Menschen wie für Tiere bedeutet das Spiel pure, überschäumende Freude am Sein.

7

Spielen macht Spaß

Warum tanzen Kraniche?

Im Frühling ist die ganze Welt aufgekratzt. In meiner ersten Kirchengemeinde tanzten wir jedes Jahr um den Maibaum, um die Wiedergeburt der Natur zu feiern. Während unser Tanz - bei dem Kinder bunte Papierschlangen um den Maibaum wickelten - jüngeren Alters war, ist der Maitag selbst ein uralter Festtag. In grauer Vorzeit glaubten die Druiden im alten England, die Baumgeister könnten in der Jahreszeit der Triebe und Blüten auch dem Menschen neues Leben bringen. Darum ließen sie im Mai Bäume abschlagen und in die Mitte des Dorfes setzen, damit das Volk sie umtanzen konnte.

Später gesellten sich kostümierte Tänzer mit glänzenden Bändern und Schellen dazu. Die Schellen bimmelten, um die Erde aufwecken zu helfen. Die Tänzer sprangen so hoch sie konnten und hofften, das Korn werde in den folgenden Monaten ebenso hoch wachsen.

Einer der muntersten Tänzer des Frühlings ist der Singkranich. Wenn ein Kranichpaar zu tanzen beginnt, umkreisen sich beide Vögel mit halb ausgebreiteten Flügeln. Sie machen schnelle, steife Schritte und verbeugen sich tief vor dem Partner. Einer der Vögel springt plötzlich senkrecht in die Luft; dabei schnellt er bis zu sechs Meter in die Höhe. Der andere macht es ihm unverzüglich nach, und die beiden fahren in ihrem fröhlichen, akrobatischen Ballett fort. Sie stupsen sich mit den Schnäbeln und werfen Stöckchen oder Strohhalme in die Luft, um sie dann wieder aufzufangen. Es ist ein ganz unglaublicher Anblick, und der Tanz dient keinem erkennbaren Zweck. Plötzlich ertappen wir die Natur, deren Methoden wir gerne für zweckgerichtet und feierlich halten, in einer ausgelassenen und übermütigen Stimmung.

Es ist ein kleines Wunder, daß es überhaupt noch Singkraniche gibt. Anfang dieses Jahrhunderts existierten nur noch fünfzehn Exemplare dieses Vogels auf der ganzen Welt. Die ersten Bemühungen, den Singkranich vor dem Aussterben zu bewahren, gehen auf das Jahr 1937 zurück, als das Winterquartier des Vogels am Golf von Texas zum Schutzgebiet erklärt wurde. Es war offensichtlich, daß man etwas unternehmen mußte, wenn die Kraniche überleben sollten.

Die Kranichzucht kann schwierig sein. Im Zoo von San Antonio hat man festgestellt, daß die Küken nur selten am Leben bleiben, wenn man sie bei ihren Eltern läßt. Als eines Tages im Frühling ein besonders zartes Küken namens Tex aus dem Ei schlüpfte, beschloß der Zoodirektor, das Weibchen von Hand aufzuziehen. Eine unvorhergesehene Nebenwirkung dieser ungewöhnlichen Mutter-Kind-Beziehung war allerdings, daß Tex durch ihren menschlichen Pfleger „geprägt" wurde. Die Folge war, daß sie eine bleibende Vorliebe für Menschen entwickelte und diese der Gesellschaft anderer Kraniche vorzog.

So begann einer der seltsamsten Tänze aller Zeiten. Als Tex geschlechtsreif war, wurde sie in die Internationale Kranichstiftung nach Baraboo in Wisconsin gebracht, wo man ihr einen Liebhaber namens Tony zur Verfügung stellte, einen Kranich, den der Audubon-Park-Zoo in New Orleans gestiftet hatte. Zwischen Tony und Tex entwickelte sich ein klassischer Fall von unerwiderter Liebe. Tony fehlte es nicht an Leidenschaft - der Fehler lag bei Tex. Sie wies jeden Annäherungsversuch zurück. Da die Ovulation bei weiblichen Singkranichen durch das erfolgreiche Liebeswerben eines Männchens ausgelöst wird, war auch an künstliche Befruchtung nicht zu denken. Bei Kranichen wie bei Menschen scheint das Gehirn das mächtigste Geschlechtsorgan zu sein, und die spröde Kranichdame litt eindeutig an einer Verhaltensstörung. Sie schwärmte für Menschen. Und bevor sie befruchtet werden konnte, mußte sie sich erst verlieben.

In dieser verfahrenen Situation beschloß George Archibald, der Leiter des Kranichzentrums, die Angelegenheit selbst in die Hand zu nehmen. Mit dem Mute der Verzweiflung bereitete er den ersten Zug vor. Wenn andere Kraniche Tex kalt ließen, wollte George selbst um sie werben.

Im Frühling 1978 gründeten George und Tex buchstäblich einen Hausstand. George zog in eine kleine Holzhütte im Kranichgehege um. „Bis dahin", berichtete er, „war niemand mit ihr zusammen gewesen, seitdem sie ein Küken gewesen war. Dies war ihre erste Chance, sich mit einem männlichen Wesen anzufreunden, das, wie sie glaubte, ihrer eigenen Art angehörte. Ich sprach oft mit ihr, und sie begann zu reagieren. Eine Paarbindung entwickelte sich."[1]

Zweimal machte George dem zögerlichen Vogel während der Brutzeit den Hof - nicht ganz ohne Erfolg. Zweimal wurde Tex mit dem Sperma von Tony und seinem Bruder Angus befruchtet. Ein Ei war allerdings unfruchtbar, und im nächsten Jahr starb das Küken in einem anderen Ei.

George entschloß sich zu einem letzten Versuch. Im Jahre 1982 kampierte er zusammen mit dem Vogel im

Freien und übernahm die Rolle des eifrigen Freiers. Er half Tex, Gras für ein Nest zu sammeln. Wenn Tex müde war, ruhten sie sich zusammen aus. Vor allem aber tanzte George - er rannte und hüpfte, machte Pirouetten und spreizte die Arme, als seien es Flügel. Zu seiner großen Freude beteiligte sich Tex am Tanz. Schließlich legte sie ihr langersehntes Ei, und einen Monat später wurde ein neuer Singkranich geboren.

Niemand weiß ganz genau, warum Kraniche tanzen; aber möglicherweise tun sie es aus dem gleichen Grund wie wir am Maifest. Vielleicht ist es ganz einfach ein Ausdruck natürlicher Lebensfreude. Wer den Tanz beobachtet hat, bezeichnet ihn als unvergeßlich. Der Singkranich ist ein großes Tier. Ein ausgewachsenes Männchen kann zweiundzwanzig Pfund wiegen und über einhundertzwanzig Zentimeter hoch werden. Seine Flügelspannweite beträgt etwa zwei Meter dreißig. Wer diesem gefiederten Riesen und seiner Gefährtin bei ihren Kapriolen zusieht, wird Zeuge eines der ausgefallensten Riten der Natur. Das Ritual steht im Zusammenhang mit dem Liebeswerben im Frühling; aber es dauert in den anderen Jahreszeiten fort. Im japanischen Volksglauben sind die Kraniche für ihre *joie de vivre* bekannt - man nennt sie „die glücklichen Vögel".

Dahinter steckt mehr, als die Wissenschaft erklären kann. Johan Huizinga weist in seinem Buch *Homo Ludens: A Study of the Play Element in Culture* (Homo ludens - eine Studie über das Spielerische in der Kultur) darauf hin, daß das Spiel eine spirituelle Qualität hat.[2] In einer Welt, in der Kraniche tanzen, muß eine gewisse Verspieltheit von vornherein angelegt sein.

Wenn Tierverhaltensforscher das Spiel zu erklären versuchen, verweisen sie oft auf seinen Beitrag zur Erhaltung der Art. Ein Verhalten, das dem Entdecken und Erforschen dient, sagen sie, ermöglicht es dem Tier, Informationen über seine Umwelt zu sammeln, die sich später als nützlich erweisen können. In Jagd- und Kampfspielen kann ein Jungtier Verhaltensweisen einüben und vervollkommnen, die es als erwachsenes Tier braucht.

Theorien, die den nützlichen Charakter des Spiels herausstellen, mögen zwar teilweise richtig sein; aber nach Huizinga sind sie unvollständig. „In der Regel gehen sie praktisch gar nicht auf das Hauptmerkmal des Spiels ein. Auf jede dieser 'Erklärungen' könnte man mit Recht einwenden: 'So weit, so gut - aber was ist eigentlich die FREUDE am Spiel?'"

Man könnte sich durchaus Tiere vorstellen, die mechanisch und freudlos für den Überlebenskampf üben - ohne Spaß und Vergnügen. Aber auch wenn das Spiel uns auf den Ernst des Lebens vorbereitet, ist es doch selbst nicht ernst. Es ist unbekümmert und neckisch. Spaß ist ein typisches Merkmal des Spiels und kann nicht einfach wegerklärt werden.

Das bedeutet, daß das Spiel auch eine geistige Dimension hat. „Wenn wir das Spiel anerkennen, erkennen wir den Geist an; denn was immer es sein mag, es ist nichts Materielles. Selbst im Tierreich sprengt es die Grenzen des Physischen", schreibt Huizinga. Tiere spielen nicht, weil sie müssen, sondern weil sie wollen, und daraus folgt, daß Tiere genau wie wir zu jenen anspruchsvollen Geschöpfen gehören, die sowohl Langeweile wie auch Spaß empfinden können. Eine spielende Kreatur ist zudem unberechenbar, voller Tricks, Finten und Überraschungen. „Tiere spielen, also müssen sie mehr als nur mechanische Dinge sein", stellt Huizinga fest. „Wir spielen und wissen, daß wir spielen; darum müssen wir mehr als nur rationale Wesen sein - denn das Spiel ist irrational."

Wir leben in einem wunderlichen Universum, in dem ein „spielender Geist" sich hinter den verschiedenen For-

men der Schöpfung verbirgt. „Das Spiel kann nicht geleug-
net werden", erklärt Huizinga. „Man kann, wenn man will,
nahezu alles Abstrakte leugnen: Gerechtigkeit, Schönheit,
Wahrheit, Güte, Geist, Gott. Man kann den Ernst leugnen,
nicht aber das Spiel." Überall gibt es Ausgelassenheit; sie
ist fröhlich und nicht unterdrückbar, und sie verwirrt uns,
wenn wir nach einer geordneten und logischen Welt streben.

Sollten Sie Zweifel haben, beobachten Sie einmal
einen Singkranich im Flug. „Bei schönem, ruhigen Wetter",
heißt es in einer Zeitschrift aus dem Jahre 1883, „bereitet
es dem Singkranich großes Vergnügen, in weiten, wellen-
förmigen Spiralen in die Luft zu steigen - etwa eineinhalb
Kilometer hoch - und sich ruhig treiben zu lassen, während
er seinen Artgenossen in benachbarten Gebieten etwas
zuruft. Wenn er sich nach Herzenslust durchgelüftet hat,
läßt er sich absinken - manchmal in Spiralen wie beim
Aufstieg, manchmal in großen Sprüngen und wilden, ge-
wagten Sturzflügen -, bis er etwa fünfzig Meter über dem
Boden die langen, dünnen Beine nach unten streckt, sich
auf die Luft legt, sanft hinabgleitet und landet." Nach dieser
Schilderung ist es schwer zu sagen, wer mehr Spaß gehabt
hat - der Vogel, der seinen Flug genoß, oder der Mensch,
der seine Eskapaden beobachtete.

Die Zahl der Singkraniche nimmt langsam wieder zu.
Heute sind etwa 225 Vögel in freier Wildbahn und in der
Gefangenschaft registriert. Tex lebt nicht mehr; aber ihr
Küken „Gee Whiz" (auf deutsch „Na sowas") lebt noch und
ist wohlauf. Gee Whiz ist ein großspuriger und etwas ag-
gressiver Kerl, und die Kuppler in Baraboo haben ihm eine
ruhige junge Kranichdame mit Namen „Faith" (Glaube) als
Gefährtin gegeben. Man hofft, daß sie sich paaren, damit
der *pas de deux* weitergeht.

Wir alle nehmen am Tanz des Lebens teil. Ein großer,

fröhlicher Geist erfüllt uns mit Leben. Im Frühling liegt ein kleiner Hüpfer in unserem Schritt, und unser Gang wird schwungvoller. Kraniche toben herum und Menschen gehen spazieren - vielleicht aus dem gleichen Grund. Wir feiern zusammen im Rhythmus der Erde. Denn das Leben ist letzten Endes eine Tollerei - ein gläubiger Sprung ins Ungewisse auf der Suche nach Freude, ein Jauchzen, in das alle Geschöpfe einstimmen.

Sollen wir uns vor unseren Partnern, den Tieren, verbeugen? Sollen wir sie einladen, unsere Spielgefährten zu sein? Der Maibaum ist ein fröhlicher Mahner: Wir alle sind Sprößlinge desselben Lebensbaumes.

Anmerkungen

1. Faith MacNulty, „Our Far-Flung Correspondents" (Unsere entfernten Verwandten), in *The New Yorker*, 17. Januar 1983, S. 88 f.
2. Johan Huizinga, *Homo Ludens*, Boston: Beacon, 1955, S. 3 f.

Es ist schwierig, das innere Bewußtsein eines anderen Wesens zu ergründen. Der Bereich, den ein Mystiker „das innere Schloß" genannt hat, ist ganz privat und in Einsamkeit verpackt. Doch wenn wir einem anderen - auch einem Tier - in die Augen sehen, finden wir vielleicht ein kleines Fenster zu diesem inneren Heiligtum, ein Fenster, durch das unsere Seelen einander grüßen können.

8

Die Augen der Hoffnung

Sind Tiere sich ihrer selbst bewußt?

Ein begabter und sensitiver Geistlicher kann einem Menschen vieles aus den Augen lesen. Das fand ich vor nicht allzu langer Zeit bestätigt, als ich gebeten wurde, an einer Podiumsdiskussion eines geisteswissenschaftlichen Kurses an der High School teilzunehmen. Zunächst sprachen eine katholische Schwester, ein Rabbi und ich kurz zum Thema „Wo können wir in der heutigen Welt noch Hoffnung finden?" Dann, nach zwanzig Minuten Selbstdarstellung vom Podium aus, gaben wir die Diskussion frei und luden die Schüler ein, Fragen zu stellen und ihre Meinung zu sagen.

Das aus Teenagern bestehende Publikum blieb stumm und passiv - es war eine typische Gruppe von „mürrischen Heranwachsenden" -, und die Stille wurde immer peinlicher. Schließlich sah der Rabbi einen Jungen an, der an einem Tisch drei Reihen entfernt saß. „Ich sehe eine Frage in deinen Augen", sagte der Rabbi. Der Junge errötete ein wenig und antwortete: „Ja, ich habe tatsächlich eine Frage." Dann wollte er wissen, welche Erfahrungen der Rabbi als Feldgeistlicher im zweiten Weltkrieg gemacht hatte. Von da an entwickelte sich eine lebhafte Diskussion. Ich war erstaunt über den Scharfblick des Rabbis und über seine

Fähigkeit, intuitiv zu wissen, was der Junge dachte. Die Augen sind wirklich die Fenster der Seele.

Manche Menschen sind einfühlsamer als andere. Ich zum Beispiel war nie gut im „Augenlesen"; aber andere haben meist keine Mühe, mich zu durchschauen. Ich bin ein schlechter Lügner und kann nicht gut Interesse heucheln, wenn ich gelangweilt oder zerstreut bin. Andere werfen nur einen Blick auf mich, und schon wissen sie, ob ich im Geiste hier oder anderswo bin. Die Augen scheinen manchmal beredter (und ehrlicher) zu sein als Worte.

Der Augenkontakt mit einem anderen Wesen setzt ein Bewußtsein bei beiden Partnern voraus: Ich sehe, daß du mich siehst, und ich bin mir bewußt, auch du bist dir bewußt, daß wir beide uns ansehen. Philosophen führen Streitgespäche über die Frage, ob auch nichtmenschliche Wesen eine Seele haben. Ich fordere einen dieser Philosophen auf, mir in die Augen zu sehen und mir zu sagen, ob ich ein Hirngespinst bin. Wir sehen Politikern und Verkäufern in die Augen, um festzustellen, ob sie ehrlich oder falsch sind. Wir blicken unseren Geliebten in die Augen, um herauszufinden, ob sie treu sind. Die Augen sind der Schlüssel zum Charakter und zur inneren Verfassung eines Menschen.

Ein seelenvoller Blick verschafft uns den schnellsten Zugang zum Bewußtsein eines anderen. Es gibt viele gute Gründe anzunehmen, daß Tiere sich ihrer selbst ebenso bewußt sind wie wir - daß sie die Welt nicht nur erleben, sondern über dieses Erleben nachdenken, und daß sie wie wir Gedanken, Sorgen und Ängste haben. Doch die meisten Beweise sind indirekter Art. Wenn wir ein Tier in seinem Inneren berühren wollen, gelingt uns dies am ehesten durch die Augen.

Der Umstand, daß ich noch nie das Gefühl hatte, Blickkontakt mit einem Fisch oder einer Schlange zu haben, beweist nicht, daß es diesen einfacheren Kreaturen an einem Selbst-Bewußtsein fehlt. Andererseits ist die Tatsache, daß es mir gelingt, mit Hunden, Affen und anderen Säugetieren in Augenkontakt zu treten, ein recht zuverlässiger Beweis dafür, daß diese Tiere sich bis zu einem gewissen Grad ihrer selbst bewußt sind (auf diesem Gebiet gibt es keine unumstößlichen Beweise).

Viele Menschen haben die Erfahrung gemacht, daß sie über die Augen Kontakt zu Tieren aufnehmen können. Rudyard Kipling setzt sich in seinem *Dschungelbuch* mit dem Rätsel der Augen auseinander und läßt das Menschenkind Mowgli mit Hilfe seines durchdringenden Blickes Macht über die anderen Tiere des Urwaldes gewinnen. „Wenn er einen Wolf fest ansah", erzählt Kipling von Mowgli, „war der Wolf gezwungen, die Augen niederzuschlagen." Das ist natürlich nur eine Geschichte. In einem kürzlich erschienenen Buch rückt R. D. Lawrence Kiplings Ausführungen zurecht, wenn er über ein echtes Erlebnis berichtet. Er hat einem wilden Wolf in die Augen geblickt:

„Während wir einander prüfend ansahen, wurde mir bewußt, daß er zwar bereit war, freundlich zu sein, daß er mich aber noch eingehend prüfte ... Mit hypnotischer Gewalt drangen Shawanos Augen in meine Seele ein, lasen in mir, suchten nach Schwäche, Angst, Aggression - vor allem aber nach Ehrlichkeit. Niemand kann die Augen eines Wolfes täuschen."[1]

Obwohl keine Worte gewechselt werden, kommt es zu einer echten Kommunikation, wenn unsere Augen den Augen eines anderen Tieres begegnen. Wie die Augen eines Menschen können die Augen eines Tieres eine Fülle von Emotionen ausdrücken: Vorwurf, Reue, Trotz oder Verachtung. Wer ständig mit Tieren zu tun hat, akzeptiert dies als selbstverständlich. „Lange Zeit mochte ich einem Schimpansen nicht direkt in die Augen sehen", schreibt die

Forscherin Jane Goodall. „Ich war der Meinung, dies werde wie bei den meisten Primaten als Drohung oder zumindest als schlechtes Benehmen empfunden. Ich irrte mich. Wenn man ihn freundlich und ohne Arroganz ansieht, hat ein Schimpanse Verständnis dafür, und vielleicht erwidert er sogar den Blick." Jane Goodall fährt fort:

„Oft habe ich einem Schimpansen in die Augen geblickt und mich gefragt, was sich dahinter verbirgt. Gerne sah ich in Flos Augen - sie ist so alt, so weise. Erinnerte sie sich an ihre Jugendzeit? David Greybeard hatte von allen die schönsten Augen - groß und glänzend, weit auseinanderstehend. Irgendwie drückten sie seine ganze Persönlichkeit aus, seine heitere Selbstsicherheit, seine natürliche Würde - und von Zeit zu Zeit seine feste Entschlossenheit, seinen eigenen Weg zu gehen."[2]

Ein Blickkontakt führt zu einem starken Gefühl der Gemeinschaft auf beiden Seiten. Zwar offenbaren die Augen das Vorhandensein eines anderen Bewußtseins nicht voll und ganz; aber sie können es auch nicht völlig verbergen.

Ein Blick in die Augen eines anderen Menschen läßt uns vielleicht diesen Menschen in einem weicheren und wärmeren Licht sehen. Joanna Rogers Macy beschreibt in ihrem Buch *Despair and Personal Power in the Nuclear Age* (Verzweiflung und persönliche Macht im Atomzeitalter) eine Meditation, die auf der buddhistischen Praxis des Brahmavihara beruht. Dabei sitzen die Teilnehmer sich gegenüber und sehen sich in die Augen.[3] Wenn wir diese Übung machen, denken wir über die Tugenden und Stärken nach, die in diesen Augen verborgen sind, über die Genialität und die Ausdauer, den Kummer und die Enttäuschung in ihren Tiefen.

Ich habe diese Übung in Workshops und bei Andachten verwendet und festgestellt, daß sie außerordentlich wirksam ist. Zunächst kann sie die Teilnehmer nervös machen. Wenn unsere Augen sich begegnen, können wir uns nirgendwo verstecken. Wir fühlen uns verwundbar und unsicher, als ob unser Innerstes entblößt würde. Gerade deshalb bietet die Übung jedoch eine Möglichkeit, sich auf einer tiefen und unmittelbaren Ebene zu verbinden - ein Band im Kern unseres Wesens zu schaffen.

Joanna Macy berichtet, sie habe diese Meditations-übung zum erstenmal in Holland auf einer Konferenz über die Entwicklung der Welt angewandt. Unter den Anwesenden waren ein Professor aus Deutschland und ein holländischer Bauer, der in den vierziger Jahren gegen die Nazis gekämpft hatte. Zu Beginn der Konferenz gerieten die beiden in heftigen Streit über einen Bericht, den die chinesische Delegation gegeben hatte, und danach sprachen sie nicht mehr miteinander. Aber das Glück wollte es, daß die beiden bei Joanna Macys Meditation ein Paar bildeten. „Am nächsten Morgen", schreibt Joanna Macy, „ging ich in die Plenarsitzung und fand beide nebeneinander sitzend vor. Der eine hatte dem anderen den Arm um die Schulter gelegt, während sie das Tagesprogramm studierten." Der Holländer erzählte ihr, er und der Deutsche hätten sich zuerst angestarrt wie Jungen in einem „Anstarrwettkampf". Doch als sie aufgefordert wurden, über die Einsamkeit und Qual nachzudenken, die sich hinter den Augen des anderen verbargen, zerbröckelte die Mauer des Trotzes. Wut, Furcht und Mißtrauen wichen dem Band des gemeinsamen Menschseins.

Wo finden wir in der heutigen Welt Hoffnung? Ich finde sie in der Fähigkeit eines achtundsiebzig Jahre alten Rabbis, den Funken der Neugier in den Augen eines Jungen aufzufangen. Ich finde Hoffnung in unserer Fähigkeit, einander so zu sehen, wie wir sind. Wenn wir uns von Angesicht zu Angesicht gegenüberstehen und uns in die

Augen sehen, stellen wir fest, daß unsere Unterschiede im Alter, in der Herkunft und sogar in der Spezies weniger wichtig sind als der Geist, der uns vereint. Es gibt einen alten lateinischen Spruch: *lupus est homo homini* - der Mensch ist des Menschen Wolf. Um inneren Frieden zu finden und der Welt Frieden zu bringen, müssen wir vielleicht erst einmal imstande sein, einander in die Augen zu sehen und zu erkennen, daß zwischen uns eine Seelenverwandtschaft besteht - einerlei, ob die Augen einem Deutschen oder einem Holländer, einem Freund oder einem Feind, einem Schimpansen oder sogar einem Wolf gehören.

Was sehen wir, wenn wir einem anderen lebenden Wesen in die Augen blicken? Ein stummes Tier? Ein Ding, das uns gleichgültig ist? Oder können wir tiefer schauen? Können wir das Innere dieses Tieres berühren und seine Freuden und Sorgen nachfühlen? Können wir andere Tiere so sehen, wie sie sind - von uns verschieden, aber nicht ganz ohne Gemeinsamkeiten? Hier ist eine Meditation über Tiere, die Sie ausprobieren können:

Sehen Sie einem Tier in die Augen. Es kann Ihr Hund oder Ihre Katze sein. Oder wählen Sie eines der Geschöpfe aus, die in diesem Buch abgebildet sind. Und während Sie ihm in die Augen sehen, denken Sie daran, daß dieses Wesen ein Ausdruck des Universums ist, den es nie zuvor gegeben hat und nie wieder geben wird.

Achten Sie darauf, was Sie sehen: die Lebensjahre in diesen Augen und die Lebenskraft, die durch ihre Farbe und Transparenz schimmert.

Denken Sie über ihre Form nach. Betrachten Sie die Winkel und Bögen der Individualität, die das Gesicht dieser Kreatur zu einem einmaligen Kunstwerk machen, geschaffen von der Zeit und vom Begehren.

Und während Sie in die Augen dieses Geschöpfes schauen, achten Sie auch auf das, was Sie nicht sehen können - das innere Wesen, das Selbst, das „Ich", das ebenso einmalig ist wie sein Ausdruck.

Sie betrachten einen lebendigen Geist. Grüßen und respektieren Sie ihn. Nehmen Sie ihn so, wie er ist.

Fragen Sie sich: Was für ein Gefühl ist es, diese Kreatur zu sein? Wie sieht die Welt, durch diese Augen betrachtet, aus?

Seien Sie sich des Alters in diesen Augen bewußt - der jahrtausendelangen Evolution, die Sie durch diese Augen ansieht.

Empfinden Sie die Einsamkeit, in die Sie niemals ganz eindringen und die Sie nie ganz verstehen können.

Seien Sie sich bewußt, daß dies ein Wesen ist, das Not und Schmerzen kennt, die Sie sich nicht vorstellen können. Dies ist ein Wesen, das Augenblicke der Wildheit und Unschuld kennt, die Sie niemals empfinden können.

Dennoch ist dies ein Geschöpf, das lebt wie Sie und Wünsche hat wie Sie. Es geht auf derselben Erde und atmet dieselbe Luft. Es verspürt Schmerzen und freut sich seiner Sinne, es genießt die blendende Wärme der Sonne, den kühlen Schatten der Wälder, erfrischendes, klares Wasser - genau wie Sie. Und insofern sind wir alle eine Familie.

Alles Leben ist Teil dieser Familie. Durch diese Familie finden wir Ganzheit. Aus dieser Familie können wir Weisheit und Verständnis schöpfen, um unser gemeinsames Heim zu heilen.

Anmerkungen

1. R. D. Lawrence, *In Praise of Wolves* (Loblied auf die Wölfe), New York: Holt, 1986, zitiert nach der *New York Times Book Review*, 28. Juni 1986.
2. Jane Goodall, *Through a Window: My Thirty Years with the Chimpanzees of Gombe* (Blick durchs Fenster - meine dreißig Jahre mit den Schimpansen von Gombe), Boston: Mifflin, 1990, zitiert nach der *New York Times Book Review*, 11. November 1990.
3. Joanna Rogers Macy, *Despair and Personal Power in the Nuclear Age* (Verzweiflung und perönliche Macht im Atomzeitalter), Philadelphia: New Society, 1983, S. 158-160

„Was ist der Mensch ohne die Tiere?" fragte Häuptling Seattle. „Wenn alle Tiere verschwunden wären, würden die Menschen an einer großen Einsamkeit des Geistes sterben." Welchen Einfluß wird es auf die Menschen haben, wenn die Tiere der Welt aussterben? Werden wir ohne unsere vierbeinigen und gefiederten Brüder und Schwestern einen Teil unserer eigenen Seele verlieren? „Alles, was den Tieren geschieht, geschieht bald auch dem Menschen", sagte Häuptling Seattle. „Alle Dinge sind miteinander verbunden."

9

Das nachdenkliche Selbst

**Würden wir in einer Welt ohne Tiere unsere Seele
verlieren?**

Wenn ein Kind geboren wird, stehen wir an der Grenze
zwischen dem völlig Normalen und dem Wunderbaren. Aus
dem Körper seiner Mutter kommt ein winziges Wesen, so
zerbrechlich und unverwüstlich wie das Leben selbst, ans
Licht. Woher ist es gekommen? Wie ist es entstanden?
Welche Kräfte haben sich miteinander verbunden, um
dieses Wunder zu schaffen? Was wir über die genetischen
Vorgänge und die Fortpflanzung wissen, kann unsere Ver-
wunderung kaum verringern.

Was macht den Menschen zum Menschen? Einige
Religionen lehren, es gebe einen bestimmten Augenblick, in
dem ein Kind „beseelt" werde, in dem es jenes Geschenk
erhalte, das es über die Ebene der bloßen biologischen
Existenz erhebe und mit "Menschsein"ausstatte. Dieselben
Religionen lehren, es habe in unserer Evolution einen
bestimmten Moment gegeben, in dem die Menschheit
„beseelt" worden sei. In diesem Augenblick hätten unsere
Vorfahren sich von der großen Familie des Lebens abge-
zweigt und seien geistige Wesen geworden, verschieden

von ihren Vettern, den Affen, und niedrigeren Lebensformen.

Aber in Wahrheit taucht die Seele nicht plötzlich auf,
und sie steigt nicht vom Himmel herab. Sie wächst allmählich und hat eine evolutionäre Geschichte. Sie entwickelt
sich eher im Alltag unseres Lebens - in unserem Zuhause,
in der Familie, in der Natur - als aus dem Nichts.

Diese Art der „Beseelung" ist völlig natürlich. Die
ganze lebendige Erde regt die Phantasie des Kindes an
und wird zu einem organischen Bestandteil der Innenwelt
des Kindes.

„Ein Kind ging jeden Tag spazieren", schrieb Walt
Whitman, „und das erste, was es sah, das wurde es ...
Der erste Flieder wurde ein Teil dieses Kindes,
Und das Gras und weiße und rote Winden
und weißer und roter Klee und das Lied der
Fliegenschnäppers
Und die Dreimonatslämmer und die blaßrosa Ferkel
und das Fohlen der Stute und das Kälbchen der Kuh
Und die lärmende Brut im Bauernhof .."

Wenn wir unter „Seele" unser Selbst-Bewußtsein,
unsere Identität als einmalige Individuen verstehen, dann
sind unsere Seelen mit den Seelen anderer Lebewesen
verbunden.

Meine eigenen Kinder erinnern mich daran, daß die
Menschwerdung ein kontinuierlicher Prozeß ist. Eines
Abends spielte mein Sohn in der Badewanne, als plötzlich
etwas seine Aufmerksamkeit erregte. Im verchromten
Wasserhahn spiegelte sich sein Bild. Er sah mich an, dann
wieder sein Spiegelbild. Mit einem glücklichen Lächeln des
Selbsterkennens sprach er seinen Namen aus: „Noah".

Alle Eltern wissen, daß Spiegel nette Spielzeuge
abgeben. Kinder lieben es, in das „Paralleluniversum" des

Spiegels zu blicken, vor allem wenn sie sich besonders ausstaffiert haben und fragen: „Wer ist dieser gutaussehende Junge?" oder „Wer ist dieses hübsche Mädchen?" Der zweieinhalbjährige Noah kann sich im Spiegel erkennen, und er greift nach oben, um das rote Kleidungsstück anzufassen, das er trägt und das er im Spiegel sieht. Die ein Jahr jüngere Holly starrt neugierig auf das Bild eines blonden kleinen Mädchens im Glas. Sie zeigt auf den Spiegel und sagt: „Baby". Aber sie erkennt das Bild nicht als ihr Spiegelbild.

Irgendwann in ihrer Entwicklung werden Kinder sich ihrer selbst bewußt. Sie gewahren, daß sie ein einmaliges Wesen sind. Schließlich ist ein Kind imstande, diese Bewußtheit durch die Worte „ich", „mir" und „mein" auszudrücken. Wenn Kinder noch nicht sprechen können, verwenden die Psychologen unter anderem Spiegel, um dieses wachsende Selbst-Bewußtsein zu messen.

Das Alter, in dem Kinder sich selbst zu erkennen beginnen, ist von Fall zu Fall verschieden, und die Befunde der Psychologen sind ebenfalls unterschiedlich. Im Alter von sechs Monaten betrachten Babys ihr Spiegelbild wahrscheinlich als Spielgefährten und versuchen, nach ihrem neuen Freund zu greifen. Etwas ältere Kinder beginnen die Eigenschaften einer spiegelnden Oberfläche zu verstehen. Wenn eine andere Person im Spiegel erscheint, wendet sich das Kind vom Spiegel ab, um nachzusehen, wer den Raum betreten hat. Etwa im Alter von zwei Jahren wird ein Kind sich seiner selbst bewußt. Wenn eine Mutter ihrem Kleinen heimlich einen Rougefleck auf die Nase macht und das Kind dann vor einen Spiegel stellt, greift es nicht nach dem Spiegel, sondern nach seinem Gesicht, um den seltsamen Purpurfleck zu untersuchen.

Die Entwicklung des Kindes zeichnet in diesem Fall die Evolution nach. Fische, Vögel und viele Säugetiere betrachten ein Spiegelbild als einen Artgenossen, und es kann sein, daß sie das Tier im Spiegel neugierig erforschen möchten. Manche Fische greifen ihr Spiegelbild an (für ein Männchen ist es ein Rivale). Affen scheinen allerdings zu verstehen, daß glänzende Oberflächen Licht reflektieren, und sie benutzen Spiegel, um Dinge indirekt zu betrachten. Sie erkennen sich jedoch nicht im Spiegel. Außer dem Menschen haben nur die Menschenaffen (Schimpansen, Gorillas und Orang-Utans) die Fähigkeit, sich ihrer selbst bewußt zu sein. Ein Schimpanse, dem man rote Farbe ins Gesicht getupft hat, wendet seine Aufmerksamkeit und Neugier nicht dem Spiegelbild zu, sondern sich selbst. Schimpansen verbringen sogar Stunden vor dem Spiegel, bürsten sich die Zähne, schneiden Grimassen und vertiefen sich in ihr eigenes Erscheinungsbild. Die Seele - das, was wir alle „ich" nennen - entwickelt sich aus diesen Anfängen.

Wir werden uns unseres Ichs bewußt, wenn wir sehen, wie unser Bild sich in der Umwelt spiegelt - und es gibt viele Arten von Spiegeln. Betrachten wir ein Beispiel, das etwas zu sehr vereinfacht sein mag: Ein Junge lernt, was in unserer Kultur „männlich" ist, indem er seinen Vater beobachtet. Und ein Mädchen lernt von seiner Mutter zu sein, was wir als „weiblich" ansehen. Wir definieren das „Selbst" im Verhältnis zu „anderen", und der Spiegel reflektiert beides. Auf diese Weise erschaffen wir unsere Familie, und unsere Familie erschafft uns. Wir formen unsere Umwelt, und unsere Umwelt formt uns. Soziale Wechselbeziehungen sind Spiegel, die Kultur ist ein Spiegel, und die Natur ebenfalls.

Daß wir uns unseres Menschseins bewußt sind, verdanken wir also zum Teil der nichtmenschlichen Welt. Auch Tiere sind Spiegel, die wir benutzen, um uns selbst zu verstehen, vom „federlosen Zweibeiner" des Aristoteles bis zum „nackten Affen" Desmond Morris'.

Die Frage wird gelegentlich in der Sprache der Religion gestellt: „Was ist der Mensch, daß du seiner gedenkst?" Die Antwort der Bibel lautet: Der Mensch wurde „ein wenig niedriger als Engel" geschaffen. Seit Jahrhunderten versuchen Philosophen und Wissenschaftler, jene charakteristischen Merkmale zu entdecken, die uns ein Anrecht auf diesen beneidenswerten Status geben. Manche sagen, der Mensch sei „das politische Tier" oder „das religiöse Tier" oder das einzige Tier, das Werkzeuge benutzt. Es wurde behauptet, wir seien die einzigen Wesen, die Verstand haben, oder die einzigen, die eine Sprache haben, oder die einzigen mit Schamgefühl („Der Mensch ist das einzige Tier, das errötet", sagte Mark Twain. „Oder das einzige, das Grund dazu hat.")

Keines dieser Merkmale ist jedoch ein Vorrecht des Menschen. Wir wissen heute, daß auch Tiere vernünftig sind, daß sie Werkzeuge herstellen und daß auch sie Symbole verwenden, um sich zu verständigen. Jedesmal, wenn wir eine Gabe oder Fähigkeit als einmalig beanspruchen, stellen wir fest, daß auch andere Geschöpfe sie besitzen. Eines scheint allerdings gewiß zu sein: Menschen vergleichen sich andauernd mit anderen Arten. Wie ein Mensch, der ständig in den Spiegel schaut, scheinen wir nagende Zweifel an unserem Selbstbild zu haben. Unsere laute Prahlerei mit unserer Überlegenheit deutet nicht darauf hin, daß wir über echtes Selbstvertrauen verfügen; sie läßt eher vermuten, daß wir ziemlich selbst-unsicher sind.

Diese innere Unsicherheit zeichnet wohl unsere Spezies aus. Während andere Tiere mit speziellen Fähigkeiten begabt sind - gutes Gehör, scharfes Auge, unglaubliche Schnelligkeit -, sind Menschen nichts Besonderes. Das ist sowohl ein biologisches wie auch ein moralisches Urteil. Der Mangel an Spezialisierung macht uns ungemein anpassungsfähig; doch er führt auch dazu, daß wir keine eindeutige Identität haben. Ohne zahlreiche Instinkte, die uns leiten könnten, brauchen wir Menschen Modelle, um zu wissen, wie wir leben sollen. Wir brauchen ein Gefühl für andere Möglichkeiten und Grenzen, und wir finden es nicht nur in den künstlichen Regeln und Beschränkungen, welche die menschliche Gesellschaft uns auferlegt, sondern auch in den Lebenslehren, die unsere Biologie und die Erde selbst uns vermitteln. Wir sind der jüngste Sproß der Familie des Lebens - die ewigen Neugeborenen der Tierwelt. In einem fundamentalen Sinne benötigen wir andere Kreaturen, die uns sagen, wer wir sind.

Tiere üben eine natürliche Faszination auf uns aus. Das wird deutlich im Interesse, das Kinder wie Noah und Holly an anderen Lebewesen haben. In ihrer unschuldigen Weisheit scheinen sie zu verstehen, daß eine Raupe ein Wunder der Natur ist und daß es gute Gründe gibt, über ein Backenhörnchen zu staunen. Wissenschaftliche Studien haben gezeigt, daß Kinder, denen man Bilderbücher zur Auswahl gibt, meist diejenigen nehmen, die Bilder von anderen Lebewesen enthalten. Eine Gruppe von Pädagogen fragte einmal über zehntausend Kinder nach ihrer Lieblingslektüre. Wie sich herausstellte, waren die beliebtesten Kategorien „Tiere" und „Hier und jetzt". Unter „Hier und jetzt" wurden am häufigsten Geschichten wie *The Accident* (Der Unfall) und *The Foundling* (Der Findling) von Carol Carrick genannt, realistische Erzählungen über den Kummer eines Jungen, dessen Hund von einem Auto überfahren wird und der seinen Schmerz überwindet, als er ein neues Hündchen bekommt.[1] Durch das Leben anderer Kreaturen - sowohl der realen wie auch der imaginären - entdecken Kinder, was es bedeutet, ein Mensch zu sein.

Welche Folgen wird es für die Menschheit haben, wenn Kinder wie Noah und Holly in einer Welt heranwachsen müssen, in der es keine anderen lebenden Wesen mehr gibt? Ihre Jugend wird sehr viel weniger lebendig und dynamisch sein. Ihre Verbindung mit der Erde wird sich verhärten, und ein Teil ihrer angeborenen Fähigkeit, sich zu wundern, wird brachliegen. Tiere machen nicht nur die Welt malerischer; ihr Leben ist mit unserem ganzen Sein verwoben - enger als unser Atem -, und unsere Seele wird leiden, wenn sie verschwunden sind.

Da die Gesellschaft zunehmend verstädtert und Tiere in unserem täglichen Leben keinen Platz mehr haben, und da immer mehr Arten in der langen Nacht der Ausrottung verschwinden, werden wir unweigerlich an Menschlichkeit verlieren. Wir werden immer verwirrter werden, wenn es um die Frage geht, wer wir sind; und Krankheiten des Selbstes (mangelndes oder übermäßiges Selbstbewußtsein bei Menschen, die in der Natur keinen Bezugspunkt mehr sehen) dürften häufiger werden. Trotz unseres materiellen Wohlstandes wird unser Innenleben verarmen.

Wenn die Tiere nach und nach aussterben, werden wir wie Kinder, die in einem Asphaltdschungel aufwachsen, oder wie Waisen, die keine Familie haben und für sich selbst sorgen müssen. Wir werden dann nur noch unsere eigenen phantastischen Schöpfungen besitzen - Reklametafeln, Zeitungen und Computermonitore -, in denen wir unser eigenes Spiegelbild betrachten können. Ohne Tiere wird die strahlende, spiegelnde Welt leblos und öde sein.

Was nützt es uns, wenn wir die ganze Welt gewinnen und unsere Seele verlieren oder verwirken? Vielleicht kann die Menschheit ohne Schimpansen, Orang-Utans und andere wilde Tiere überleben. Aber wir werden die Bedingungen verschlechtern, die für unsere eigene „Beseelung" erforderlich sind. Wir werden eine begeisternde Familie gegen eine geistlose eintauschen. Das Verhältnis zwischen dem Menschen und seiner Umwelt wird nicht mehr so anregend und vielschichtig sein. Und wenn wir in den Spiegel blicken, wird es immer weniger geben, was wir lieben können.

Anmerkung

1. Patricia J. Cianciolo, „A Look at the Illustrations in Children's Favorite Picture Books (Ein Blick auf die Illustrationen in den Lieblingsbilderbüchern der Kinder), in *Children's Choices: Teaching with Books Children Like* (Was Kinder wählen - der Unterricht mit Büchern, die Kindern gefallen), herausgegeben von Nancy Roser, New York: Putnam, 1983, S. 29.

Das Wort „animalisch" ist von einem lateinischen Wort abgeleitet, das „Seele" bedeutet. Für die Denker des Altertums war die Seele die rätselhafte Kraft, die den Myriaden von Kreaturen auf Erden Leben und Atem gibt. Einige sprachen sogar von einer „Weltseele" oder anima mundi, welche der ganzen Natur Leben einhaucht. Später gestanden Theologen nur dem Menschen eine Seele zu . Was ist aber die Seele oder der Geist? Der Geist ist der Kanal, durch den wir einen Blick auf das Wesen - die innere Schönheit - einer anderen Kreatur werfen können.

10

Jemand, nicht etwas

Haben Tiere eine Seele?

An den Anfang der ersten Auflage seines Buches *Daniel* setzte Martin Buber die Worte des mittelalterlichen Theologen Scotus Erigena: „Auf wunderbare und unerklärliche Weise erschafft Gott sich selbst in seinen Geschöpfen."

Tiere waren Buber heilig. Durch sein enges Verhältnis zu einem Pferd, mit dem er sich als Elfjähriger während eines Aufenthaltes auf dem Landgut seines Großvaters anfreundete, wurde dem jüdischen Denker zum erstenmal „die gewaltige Andersartigkeit des anderen" bewußt.

Der Stall, erfüllt von der Wärme und Nähe anderer lebender Wesen, wurde für den Jungen zum Tempel. Dort spürte er die Gegenwart des Unsagbaren. Wenn er die „mächtige Mähne" des Pferdes streichelte und das Leben unter seiner Hand fühlte, „war es, als grenze die elementare Lebenskraft selbst" an seine Haut. Zwischen ihm und der Stute bestand ein Band des Verstehens, als wisse der Junge ohne Worte, daß andere Wesen einen Blick auf dasselbe wunderbare Geheimnis erhascht und dieselben murmelnden Daseinsströme gehört haben. Das Pferd hob ganz sacht den schweren Kopf, um das Kind zu begrüßen; es spitzte die Ohren und schnaubte leise, „so wie ein Verschwörer ein Zeichen gibt, das nur seine Mitverschwörer verstehen sollen. Und ich war anerkannt."[1]

Solche Erlebnisse sind nicht ungewöhnlich. Auch heute noch werden viele Kinder durch ein Tier mit den Mysterien von Geburt und Tod vertraut gemacht. Tiere regen sie an, darüber nachzudenken, was Leben bedeutet. Buber war vielleicht insofern ein ungewöhnlicher Mensch, als er den verrinnenden Jahren niemals gestattete, diese Bewußtheit seiner Jugend zu trüben - sein Wissen um das Mysterium, das in anderen Wesen wohnt. Für ihn blieb ein Geschöpf wie eine Katze, so sehr Haustier und scheinbar so gewöhnlich , ein wilder und unergründlicher Kosmos.

„Die Augen eines Tieres haben die Macht einer groß-artigen Sprache", bezeugte Buber, und im Blick der Katze lag für ihn eine Frage: „Kann es sein, daß du mich meinst? Willst du wirklich, daß ich nicht nur Kunststückchen für dich mache? Hast du ein echtes Interesse an mir? Bin ich für dich da?"[2] Diese Momente der Kommunikation mit einer anderen Art hinterließen - obgleich flüchtiger Natur - einen starken Eindruck. Solche Vier-Augen-Begegnungen mit Tieren waren für Buber Epiphanien - Offenbarungen der wahren Natur der Wirklichkeit.

Die lebende Welt reagiert auf uns. Sie ist voller Gefühl, das wie ein Sympathiestrom zwischen allen empfindungs-fähigen Wesen hin und her fließt. Wie wir gesehen haben, können andere Kreaturen erstaunlich komplex und subtil sein. Ihre Emotionalität umfaßt Nuancen vom Kummer bis zum Frohsinn. Ihre Familienstrukturen und Beziehungen können ebenso kompliziert und ihre Bindung an Gefährten ebenso stark und zärtlich sein wie die unseren.

Buber erkannte, daß Katzen und Pferde Geschöpfe wie wir sind, und dasselbe gilt für andere Tiere. Sie gehören keiner völlig anderen Ordnung der Schöpfung an, sondern sie haben wie wir ein reiches Innenleben. Ihr Inneres beherbergt verschiedene Landschaften: Wüsten und einsame Canyons, wilde Kliffe und ruhige Bewußtseinsflüsse, die ins stille Meer münden. Sie haben ein Herz, einen Geist und eine Seele wie wir.

Tiere sind somit nicht unser Besitz oder unser bewegliches Vermögen, sondern unsere Gefährten auf der Reise durchs Leben. Sie haben wie wir ihre Vorlieben und Abneigungen, ihre Ängste und Komplexe. Sie haben Pläne und Ziele, die für sie ebensowichtig sind wie unsere Pläne und Ziele für uns. Tiere haben nicht nur eine Biologie, sondern auch eine Biographie.[3] Wir können das Leben eines Tieres hochschätzen; aber wir können es nicht mit Beschlag belegen, da Tiere ihr eigenes Leben führen müssen.

Wir waren lange Zeit daran gewöhnt, Tiere als Dinge anzusehen - als Objekte, Werkzeuge, Waren oder Wertgegenstände. Darum züchten wir sie und schlachten sie, um sie zu essen; wir verwenden ihren Pelz und ihre Haut als Kleidung und Schmuck; wir sezieren ihre Körper für Forschungszwecke; wir studieren ihre Anatomie mit kühlem Interesse. Wir betrachten andere Geschöpfe als Mittel zu unserem Zweck, nicht als Zweck in sich selbst. Man könnte sagen, daß wir Tiere „entmenschlichen"; doch das wäre nicht ganz richtig, da Tiere nicht menschlich sind. Eher „entweihen" wir die Tiere, berauben sie ihrer heiligen Eigenschaften, und infolgedessen entmenschlichen wir uns selbst. Denn wir haben kein Recht, Tiere auf den Status von Objekten zu erniedrigen. Wenn wir sie so behandeln, als wären sie bloße biologische Maschinen - Ansammlungen bedingter Reflexe -, beleidigen wir sowohl ihre Natur als auch unsere.

Tiere sind unsere spirituellen und emotionalen Gefährten. Das wissen wir nicht so sehr aufgrund wissenschaftlicher Diskussionen, sondern eher aus unmittelbarer Erfahrung. Einerlei, was wir davon halten - zwischen Menschen und Tieren bestehen ohne Zweifel Beziehungen, und das Heilige begegnet uns auch in nichtmenschlicher Gestalt. Martin Buber besuchte als Kind oft den Stall der scheckigen Stute, die ihm so viel bedeutete. Er und das Tier hatten eine besondere Zuneigung zueinander gefaßt. Als er eines Tages dem Pferd die Flanke streichelte, merkte er, welchen Spaß das machte, und seine Aufmerksamkeit wandte sich seiner Hand zu. Plötzlich erkannte er zu seiner Überraschung, daß der Zauber der Kameradschaft erloschen war. Er hatte nicht mehr dem Pferd, sondern seinen Gedanken über das Pferd Beachtung geschenkt. Und in diesem Augenblick hatte er aufgehört, in dem Pferd einen Freund zu sehen; statt dessen war der einstige Partner im Vergnügen für ihn ein Ding geworden, ein Objekt seines Vergnügens. Auch das Pferd spürte die Veränderung. Als Buber am nächsten Tag zur Fütterungszeit wieder in den Stall kam, hob es nicht mehr grüßend den Kopf. Buber streichelte das Pferd nach wie vor; aber die Beziehung hatte sich verändert.[4]

Wenn wir einen anderen als Objekt betrachten, ist unser gemeinsames Erleben seicht und ohne Tiefe. Wir teilen uns nicht wirklich mit; wir berühren nur die Oberfläche. Wenn wir andere als spirituelle Wesen ansehen, bekommt unser Erleben eine „vertikale Dimension", die sich bis ins Unendliche ausdehnt. Unsere Welt wird weicher und intimer. Wir werden Vertraute im wörtlichen Sinne. Und der Glaube bringt uns mit dem Göttlichen in Verbindung - nicht der Glaube der Konfessionen und Dogmen, sondern der einfache „tierische Glaube", die Verbundenheit mit anderen Wesen und mit der natürlichen Welt des Bodens und des Sonnenscheins.

Tief im Inneren anderer Wesen liegt etwas verborgen,

was unser Innerstes berührt. Ich staune oft, wenn ich Strandvogelschwärme beobachte. Wie auf Kommando erheben sie sich gleichzeitig in die Luft, machen einen Schwenker und fliegen in enger Formation aufs Meer hinaus. Ihre Koordination ist so präzise und ihre Flugkünste sind so gut aufeinander abgestimmt, als hätten sie einen gemeinsamen Gedanken oder sogar eine Gruppenseele, die sie leitet. In solchen Augenblicken habe ich das Gefühl, daß es in der Natur verborgene Bereiche gibt, deren Tiefen wir niemals ausloten können. Und aus den gleichen Tiefen meines Inneren steigt Ehrfurcht empor, wenn ich über die Synchronizität des Vogelfluges nachdenke.

Wer über diese innere Tiefe verfügt, ist ein Teil des Spirituellen. „Nach dem Bilde Gottes geschaffen" zu sein heißt, *jemand* zu sein, nicht *etwas.* Ein Ding ist lediglich die Summe seiner Einzelteile. Ziegel und Gebäude sind gute Beispiele für Dinge. Man kann sie in Moleküle und Atome zerlegen, ohne daß sich letztlich viel ändert. Ein *jemand* ist aber mehr als die Summe seiner Teile. Wenn wir versuchen, Menschen, Hirsche, Bären oder Pferde zu sezieren oder in ihre Bestandteile zu zerlegen, bleibt ihr Wesen unberührt. Ebenso wie eine Symphonie mehr ist als die Summe der einzelnen Noten, aus denen sie besteht, ist ein *jemand* mehr als eine Ansammlung von Verhaltensweisen oder biochemischen Reaktionen.

Es ist unmöglich, genau zu definieren, was einem großen musikalischen Werk seine Schönheit und seine Faszination verleiht. Wenn wir eine Definition versuchen, geht der Zauber verloren. Auch die Seele können wir nicht eindeutig definieren; doch wenn wir unser Herz öffnen, können wir ihre Ausstrahlung spüren. Die Seele ist der Zauber des Lebens. Sie gibt dem Leben seine Erhabenheit und Größe.

Über unserem Leben liegt ein Schimmer der Ewigkeit.

In der Weite von Zeit und Raum ist unser Leben gewiß klein und kurz - aber nicht ganz bedeutungslos. Unser Leben hat einen Sinn. Weil wir füreinander da sind und Gefühle haben; weil wir träumen und Phantasie besitzen; weil wir die Geschöpfe sind, die Musik machen und Kunstwerke schaffen - darum sind wir nicht nur Staubkörnchen im Universum, sondern spiegeln die Schönheit und die Pracht des Alls wider. Und da alles Leben Teil des einen Geistes ist, können wir die innere Schönheit in anderen Kreaturen erkennen. Tiere sind Mikrokosmen wie wir. Auch sie sorgen füreinander und haben Gefühle; auch sie träumen und sind schöpferisch begabt; auch sie sind abenteuerlustig und neugierig auf ihre Welt. Auch in ihnen spiegelt sich die Großartigkeit des Alls wider.

Können wir Tieren unser Herz öffnen? Können wir sie als unsere Seelengefährten begrüßen, als Wesen wie wir, als Wesen mit Würde und Tiefe? Wenn uns das gelingen soll, müssen wir lernen, jene Kreaturen zu achten und zu verehren, die mit uns Teil von Gottes geliebter Schöpfung sind. Wir müssen lernen, den wunderbaren Planeten, der unsere gemeinsame Lebensgrundlage ist, zu hegen und zu pflegen.

Wir müssen uns in einer Bio-Spiritualität vereinen, die das Heilige in allem, was lebt, anerkennt und verherrlicht.

Wir können das Leben fühlender und intelligenter Kreaturen nicht länger als unwichtig abtun, nur weil es eine nichtmenschliche Form angenommen hat. Was das Leben kostbar und heilig macht - Mut und Kühnheit, Gewissen und Mitgefühl, Phantasie und Originalität, Einfallsreichtum und Spiel -, ist nicht Alleineigentum unserer Art.

Tiere sind lebende Seelen wie wir. Sie sind keine Dinge. Sie sind keine Objekte. Sie sind auch keine Menschen. Dennoch trauern sie. Sie tanzen. Sie leiden. Sie kennen die Höhen und Tiefen des Daseins.

Tiere sind ein Ausdruck des Großen Geistes, der unser Universum durchflutet. Wir teilen mit ihnen die Gaben des Lebens und des Bewußtseins. Darum ist Gott auf wunderbare und unbeschreibliche Weise in allen Kreaturen gegenwärtig.

Anmerkungen

1. Maurice Friedman, *Martin Buber's Life and Work: Volume I, The Early Years, 1878-1923* (Martin Bubers Leben und Werk, Band I: Die frühen Jahre von 1878 bis 1923), Detroit: Wayne State University Press, 1981, S. 14.
2. Martin Buber, *I and Thou* (Ich und Du), New York: Scribner, 1970, S. 145.
3. Diesen Gedanken - „Biologie" als Gegensatz zu „Biographie" verdanke ich Tom Regan, Professor für Religion und Philosophie an der staatlichen Universität von North Carolina.
4. Friedman, a.a.O., S. 15.

Fotos von Art Wolfe

Zotteliger Hund

Afrikanischer Elefant

Flachlandgorilla

Roter Fuchs

Walrösser

Junge Eulen

Puma

Singkraniche

Braunbär

Pirol

Schimpanse

Gary Kowalski war nach seinem Examen an der Harvard Divinity School Priester der Unitarischen Universalisten in Memphis, Tennessee, in Seattle, Washington, und in Burlington, Vermont. Er schreibt seit vielen Jahren über Tiere und setzt sich für sie ein. Seine besten Predigten wurden 1989 von Harper & Row veröffentlicht. Er ist ferner Autor des Buches "Between Species: A Journal of Ethics" (Zwischen den Arten: Ein ethisches Tagebuch).

Harold Sharp

Auch Tiere Überleben den Tod

ISBN 3-923 781-52-0
Broschiert, 92 Seiten,
DM 15,80

Das bekannte hellsichtige Medium Harold Sharp erzählt seine Erlebnisse mit „verstorbenen" Tieren und führt somit den Beweis, daß auch Tiere den Tod überleben und sich aus der jenseitigen Welt ihren irdischen Freunden bemerkbar machen oder zeigen können. Außerdem gelang es dem Autor, mit seinem Astralkörper das Jenseits aufzusuchen und seine Erlebnisse in Erinnerung zu behalten, die er in diesem Buch anschaulich schildert.

Ein wunderschönes und trostspendendes Buch für alle Menschen, die zu ihrem geliebten Tier eine innige Beziehung behalten wollen.

Otto Höpfner

Einhandrute und Pyramidenenergie
- Hilfsmittel für die Gesundheit -

ISBN 3-923 781-39-3
Broschiert, illustriert,
92 Seiten, DM 18,80

Der Autor zeigt an Hand von praktischen Beispielen, wie auch der Laie mit Hilfe der Einhandrute (Bio-Radiometer, BR) die Körperverträglichkeit von Nahrungsmitteln, Medikamenten oder Schlafplätzen prüfen kann. Weiterhin erläutert er, wie mit speziellen Meßkreisen Radioaktivität, Giftstrahlung oder krankmachende Störzonen sowie die energetische Vitalisation an Personen gemessen und durch die Pyramidenenergie gemindert bzw. verbessert werden kann.

**Gerda
Scheer-Krüger**

Die Falterprinzessin

ISBN 3-923 781-23-7
Gebunden, 32 Seiten,
11 ganzs. Aquarelle,
DM 14,80

Das Märchen von der „Prinzessin vom schimmernden Schlo·", die in einer Welt jenseits der irdischen lebt. Aus Mitleid mit den Menschen möchte sie zur Erde zurück, um den Sterblichen von den Wundern des Lebens nach dem Tod zu erzählen, und wird als Raupe wiedergeboren. Ein Prinz rettet sie vor der Gefräßigkeit einer Spinne und kümmert sich liebevoll um sie, bis aus der häßlichen Raupe ein wunderschöner Schmetterling wird. Als Dank verspricht ihm die Prinzessin Herz und Hand und ein Wiedersehen nach dem Tod.

Siegfried Zecherle

Der Baum Astrid
- ein spirituelles Märchen

ISBN 3-923 781-54-7
Broschiert, 40 Seiten,
DM 9,80

Dieses Büchlein schildert das Leben eines Apfelbaumes, der davon träumt, ein Mensch zu sein, weil diese Geschöpfe allen anderen gegenüber scheinbar bevorzugt sind. Eine Fee erfüllt ihm seinen Wunsch, und er wächst als „Astrid" zu einer jungen Frau heran, der das Leben alle materiellen Wünsche erfüllt, und die doch im Innersten unzufrieden bleibt und schließlich sogar krank wird.
Erst die Freundschaft mit einem Baum öffnet ihr die Augen und läßt sie den Weg zu sich und ihren eigenen Wurzeln finden.

Perter Dorn

Bruder Baum
Bildband mit Texten und Illustrationen

ISBN 3-923 781-72-5
Gebunden, Großformat,
56 Seiten, DM 39,00

Zu allen Zeiten und in allen Kulturen waren die Bäume Sinnbild und Gleichnis für das Geheimnis des Lebens; und stets war der Baum symbolische Brücke zwischen Oben und Unten, Göttlich und Irdisch, Ewig und Endlich. Und heute, da der Wind der Veränderung die ganze Welt verwandelt und die Menschheit in ein Neues Zeitalter gleitet, wo das erwachende Bewußtsein wieder nach einem ganzheitlichen Verständnis und dem Mysterium des Lebens fragt, (und auf Antwort hofft), da mag es nicht verwundern, daß dieses uralte Symbol der Menschheit neue Bedeutung erlangt.

In diesem Sinne erinnert Bruder Baum auch an die Tradition indianischer Visionssuche.

Hermann Hesse

Iris
- handgeschrieben und illustriert
von Peter Dorn

ISBN 3-923 781-42-3
Gebunden, Gro·ßormat,
44 Seiten, DM 34,00

Der Dichter des „Siddharta" erweist sich in seiner Meistererzählung IRIS als ein Eingeweihter, der in dem Lebensschicksal des Anselm die Suche des Menschen nach Wahrheit nachzeichnet. In diesem einzigartigen Buch verbindet sich Hesses Magie der Sprache auf wunderschöne, phantasievolle Weise mit der Poesie der Bilder des Malers Peter Dorn.

Ein Buch zum Verschenken, das man gerne selbst behalten möchte.

Elisabeth Kübler-Ross

Bildband mit Texten von
Elisabeth Kübler-Ross und
Fotos von Dr. Gottfried
Siebel.

ISBN 3-923781-66-0
64 Seiten, 28 ganzseitige
Farbfotos, 21x21 cm,
gebunden, DM 25,00.

Jedes Ende ist ein strahlender Beginn

Dr. Gottfried Siebel ist katholischer Theologe und hat sich jahrelang der aktiven Sterbebegleitung gewidmet, wobei ihm die Bücher der Ärztin Elisabeth Kübler-Ross eine wichtige Stütze waren. Da er sehr naturverbunden ist, versucht er seiner Liebe zur Schöpfung durch die Fotografie Ausdruck zu verleihen, entstand die Idee, Schmetterlinge zu fotografieren und diese den aussagekräftigsten Sätzen aus den Schriften der bekannten Sterbeforscherin gegenüberzustellen, ist doch das Verwandlungsmotiv von der Raupe zum Schmetterling eine Parallele zu unserer eigen-en Verwandlung.
Ein wunderbares Geschenkbuch, das nicht nur die ständig wachsende Kübler-Ross - Gemeinde begeistern wird.

Esisabeth Kübler-Ross

ISBN 3-923 781-02-4
Broschiert, 89 Seiten,
DM 16,80.

Über den Tod und das Leben danach
18. Auflage

Ihr Buch „Über den Tod und das Leben danach" ist nach acht Jahren immer noch der esoterische Bestseller in Deutschland und wurde bereits über 300.000 mal verkauft.
Die bekannteste Wissenschaftlerin der Welt (28 Ehrendoktor-Titel) hat als erste das Tabu-Thema „Tod" öffentlich aufgegriffen und sich in ihren Forschungen eingehend damit beschäftigt. Das Ergebnis präsentiert sie in diesem Buch und belegt in einer für jeden verständlichen Sprache, daß es ein Leben nach dem Tod gibt.